Fast Food para a Alma 2

Barbara Berger

Fast Food para a Alma 2

Tradução
MAGALI B. PINHEIRO

EDITORA CULTRIX
São Paulo

Título do original: *Fast Food for the Soul.*

Copyright © 1995, 2002 Barbara Weitzen Berger.

Todos os direitos reservados. Nenhuma parte deste livro pode ser reproduzida ou usada de qualquer forma ou por qualquer meio, eletrônico ou mecânico, inclusive fotocópias, gravações ou sistema de armazenamento em banco de dados, sem permissão por escrito, exceto nos casos de trechos curtos citados em resenhas críticas ou artigos de revistas.

Dados Internacionais de Catalogação na Publicação (CIP)
(Câmara Brasileira do Livro, SP, Brasil)

Berger, Barbara
　　Fast food para alma 2 / Barbara Berger ; tradução Magali
B. Pinheiro. -- São Paulo : Cultrix, 2006.

　　Título original: Fast Food for the Soul
　　Bibliografia
　　ISBN 978-85-316-0961-9

　　1. Autoconfiança 2. Conduta de vida 3. Felicidade 4. Sucesso
I. Título.

06-8340　　　　　　　　　　　　　　　　　　　　CDD-158.1

Índices para catálogo sistemático:
1. Arte de viver : Psicologia aplicada　158.1
2. Autoconfiança : Psicologia aplicada　158.1
3. Felicidade : Psicologia aplicada　158.1

O primeiro número à esquerda indica a edição, ou reedição, desta obra. A primeira dezena à direita indica o ano em que esta edição, ou reedição, foi publicada.

Edição	Ano
1-2-3-4-5-6-7-8-9-10-11	07-08-09-10-11-12-13-14

Direitos de tradução para a língua portuguesa
adquiridos com exclusividade pela
EDITORA PENSAMENTO-CULTRIX LTDA.
Rua Dr. Mário Vicente, 368 — 04270-000 — São Paulo, SP
Fone: 6166-9000 — Fax: 6166-9008
E-mail: pensamento@cultrix.com.br
http://www.pensamento-cultrix.com.br
que se reserva a propriedade literária desta tradução.

Para Tim, Mark e Robin

Sumário

1. O caminho do poder continua 9
2. O poder da realidade 13
3. O poder do universo 17
4. O poder da escolha 23
5. O poder da tecnologia mental 31
6. O poder da perspectiva certa 37
7. O poder de dar com alegria 43
8. O poder de não ter idade 49
9. O poder de possuir mais dinheiro 57
10. O poder dos objetivos claros 75
11. O poder da paz profunda 79
12. O poder da alegria e do riso 87
13. O poder do abraço mental 93
14. O poder do tratamento 97
15. O poder do bem 111
16. O poder da visão 121
17. Apêndice: O poder dos nossos professores 133
Bibliografia 135

Capítulo 1

O caminho do poder continua

Aleluia!

Você percebe o quanto é liberador? Como é absolutamente maravilhoso saber que você — sim, você mesmo, por mais triste e desolado que esteja se sentindo hoje — pode mudar radicalmente a sua vida para melhor, tornando-a mais feliz, mais alegre e mais emocionante do que nunca? Muito mais prodigiosa do que você jamais imaginou que pudesse ser... e que isso é algo que você pode fazer sozinho...

O poder do trabalho interior

Só há uma condição para que você possa mudar a sua vida, uma condição muito importante e crucial: Você precisa estar disposto a fazer o trabalho interior — sozinho.

Ninguém mais pode fazer isso por você. Ninguém mais pode refazer a sua vida. Ninguém. Nem o seu guru, terapeuta, agente de cura, padre, patrão, sua mãe, seu amor — nem uma pilha de dinheiro em sua conta bancária. Na verdade, não existe ninguém na face da Terra que tenha esse poder (embora muitas pessoas possam ajudar e fornecer estímulo). Mas essas pessoas não podem fazer isso por você, nem que queiram.

Mas não se desanime! Se você estiver realmente determinado, se estiver disposto a encarar o desafio de frente, poderá alcançar liberdade, sucesso, alegria, saúde e felicidade sem limites. *Não existem limites!*

Quando percebi essa verdade, mudei toda a minha vida. Por isso posso garantir que a sua vida também mudará.

Você é livre

Veja bem, nenhuma outra descoberta que você possa fazer será mais fantástica e mais arrebatadora que esta. Nem mesmo ganhar na loteria ou encontrar o amor da sua vida, porque esta descoberta significa que *você é livre* — para sempre. Significa que terá paz de espírito — para sempre. Existe algo mais maravilhoso e mais estimulante?

O fato de compreender, compreender realmente que quem cria a sua vida e a sua realidade é você, só você — e ninguém mais — também pode mudar a sua vida para melhor a qualquer hora... essa, sem dúvida, será a sua maior descoberta.

Reflita sobre o significado disso tudo.

A busca

Os instrumentos estão bem na sua frente. Existem muitos professores, professores maravilhosos em todos os lugares. Tudo o que você tem a fazer é ter um desejo imenso e ardente de tomar o controle, assumir o comando e mudar sua própria vida para melhor e, depois, assumir o desafio! De fato, não podia ser mais fácil. Tudo o que você tem a fazer é decidir.

Mas, na verdade, não se trata apenas de um desafio. Trata-se de uma grande aventura; a aventura de toda uma vida — da sua vida. A aventura ou busca mais fascinante que você já viveu, a busca mais estimulante que já empreendeu, porque você não imagina os tesouros que o aguardam e também porque essa busca é só sua e de mais ninguém.

Coragem!

Ninguém jamais saberá, tampouco compreenderá, o significado exato dessa sua busca. Ela não é para medrosos. De maneira alguma. Ao longo do caminho, certamente surgirão muitos dragões, obstáculos e armadilhas tentadoras. Por isso chamo esse processo de busca. Você terá de aprender a ser absolutamente determinado, a conversar consigo mesmo — e a ser intrépido e valente. Mas de uma coisa eu tenho certeza, se você escolheu este livro é porque, no fundo, já decidiu (mesmo que ainda não tenha consciência disso) que não se contentará com menos. E por que deveria?

O universo é seu!

O universo é todo seu! Ele é a sua sala de aula, o seu parque de diversões... Neste momento, a vida no planeta Terra é a sua escola, parte do currículo que você elaborou para si mesmo, por assim dizer.

Então por que não ser o primeiro da classe e se formar para a verdadeira liberdade que lhe aguarda...aqui e agora! Você pode ter certeza de que o que a nossa sociedade chama de "escola" não é tão divertida!

Capítulo 2

O poder da realidade

Vivemos em um universo mental.

A vida é um jogo mental.

Todos estão predestinados a ganhar.

Antes de continuar a percorrer o Caminho do Poder — e de aprender maneiras de melhorar e desfrutar a sua vida — vamos dar um passo para trás e analisar a natureza da realidade.

A natureza da realidade

Para que possamos olhar realmente a realidade nos olhos, temos de abandonar por um momento a ilusão da consciência coletiva e deixar para trás a agitação da vida cotidiana.

Essa capacidade de sair da consciência coletiva para trilhar o Caminho do Poder é muito importante, caso contrário, você poderá ter uma noção equivocada de que as técnicas apresentadas neste livro representam algum tipo de mágica ou cura milagrosa. Mas esse definitivamente não é o caso. Tudo o que faz parte deste livro, todas as técnicas, métodos e exercícios funcionam porque se baseiam numa compreensão profunda da natureza da realidade.

Por isso é tão importante abandonar a consciência coletiva e compreender a natureza da realidade. A menos que você exercite essa capacidade, será difícil fazer com que essas técnicas funcionem.

Os místicos tinham razão

Vivemos numa época fascinante porque a ciência — mais especificamente a física quântica — está comprovando aquilo que os místicos e metafísicos sempre declararam ao longo da história. Somos feixes de informação e energia vivendo num torvelinho de energia infinita. Somos, na verdade, criaturas de Luz, como os místicos há muito nos têm descrito.

Os cientistas investigaram a natureza da matéria (o que nós, pessoas comuns, chamamos de realidade) e descobriram, de acordo com a física quântica, que a matéria é composta por átomos que, por sua vez, são compostos por nuvens de partículas subatômicas. Essas partículas subatômicas são, na verdade, ondas de energia, tão ínfimas que sua existência só foi descoberta pelas trilhas que deixaram para trás em aceleradores de partículas.

Provavelmente o aspecto mais interessante do campo quântico é que essas ondas de energia só se transformam em partículas (eventos localizados no tempo e no espaço) quando são observadas. Em outras palavras, essas ondas de energia que compõem todo o universo só passam a existir como partículas a partir do momento em que são observadas (como afirmou Einstein no início do século passado). Isso significa não apenas que o campo quântico reage ao observador, mas também que tudo o que denominamos mundo físico é, na verdade, uma resposta do observador.

Uma descoberta intrigante

Essa é uma descoberta realmente intrigante, não? Reflita sobre o seu significado: *As partículas só passam a existir quando prestamos atenção nelas.* Em outras palavras, a consciência humana não apenas influencia o campo quântico em que vivemos, como também é a verdadeira criadora dos eventos que se desenrolam neste campo. E não é só isso, ao mudar o foco da nossa atenção, *mudamos* também o campo de informações e energia em que vivemos. Resumindo, a qualidade dos nossos pensamentos e o foco da nossa atenção têm o poder de influenciar e organizar o campo infinito de informações e energia do qual fazemos parte.

Mas o que isso significa?

Significa simplesmente que vivemos num universo que se molda aos nossos pensamentos. Em outras palavras, o universo responde aos nossos pensamentos, à nossa atenção e às nossas intenções. Podemos dizer que: *Vivemos num universo mental.*

Se isso for verdade, significa também que a velha interpretação "materialista" da realidade — ou seja, a idéia de que o universo está lá fora, fora de nós, separado de nós — simplesmente é falsa. Não existe universo nem realidade "lá fora", separado de nós ou em algum outro lugar fazendo coisas como controlar a nossa vida e determinar o nosso destino.

Infelizmente, para muitas pessoas a consciência coletiva ainda não acompanhou nem digeriu as descobertas da ciência moderna. Mas a verdade é que a física quântica há muito tempo provou que a natureza da realidade é muito diferente daquela que muita gente ainda baseia suas vidas, suas opiniões... sua própria existência.

Em outras palavras, se você acredita que vive num universo materialista que está fazendo as coisas para você — se acredita que há uma "realidade objetiva" separada e independente — *você está vivendo uma ilusão*. Está tomando suas decisões e vivendo a sua vida de acordo com uma visão de mundo incorreta, obsoleta e ultrapassada. E, além de incorreta, essa visão de mundo não contribui em nada para melhorar a sua vida ou a sua realidade.

Na verdade, essa visão materialista incorreta e ultrapassada do universo está roubando o seu verdadeiro poder.

Quando você compreender a natureza da realidade, verá que a verdade é que você tem muito mais poder do que jamais sonhou.

A verdade é que vivemos num universo mental.

A verdade é que você é um co-criador.

A verdade é que *você está criando este universo ao longo da sua vida.*

Essa compreensão revolucionará a sua vida.

Isso significa que, se vivemos num universo mental e aprendemos a controlar a nossa mente e a direcionar a nossa atenção, adquirimos poder sobre o chamado mundo exterior e sobre os chamados eventos externos.

Capítulo 3

O poder do universo

Para conhecer e integrar o poder da Força em sua vida, sugiro o seguinte:

Observe os ritmos do universo.

Observe como toda noite as estrelas surgem no céu em suas posições corretas. Ou, se o céu noturno não estiver suficientemente claro para contemplar as estrelas, folheie durante uma ou duas horas o extraordinário livro de David Malin, *A View of the Universe*.

Depois, lembre-se de que o Sol nasce todas as manhãs no leste e se põe todas as noites no oeste. E que, à noite, a Lua aparece exatamente como previsto. E que as estações do ano mudam continuamente, de modo que a primavera chega exatamente quando deveria — com todo o seu esplendor, com o desabrochar das flores e a migração dos pássaros na hora certa, que sempre retornam ao local exato em que deveriam retornar.

Em seguida, pense nos milhões de células que existem no seu corpo. Medite sobre como um ser humano surpreendentemente complexo como você, que respira e pensa, desenvolveu-se a partir da fecundação de um único óvulo — guiado e dirigido por nada mais (e nada menos!) que as informações impressionantemente complexas (inteligência) armazenadas no DNA.

O universo é inteligente

Será que esse movimento constante — como o crescimento de um ser humano a partir de uma única célula, ou a vasta dança das estrelas e galáxias, ou a rotação regular da Terra sobre o seu eixo à medida que nos deslocamos no espaço, sem mencionar os ritmos biológicos de toda a miríade de plantas e animais — será que algum desses movimentos admiráveis e maravilhosos de energia parece, de alguma forma, aleatório, casual ou caótico?

Nem um pouco. Na verdade, quanto mais você observar, mais sentirá o infinito campo de energia rodopiando dentro de você e ao seu redor, e mais descobrirá que a natureza toda possui padrões ordenados. Então, com certeza entenderá — se é que ainda não entendeu — que o universo não é apenas inteligentemente organizado, *o universo é inteligente.*

Fique em silêncio e observe

Sugiro também que você fique em completo silêncio junto à natureza (ver livro *Fast Food para a Alma,** capítulo 13, O poder do silêncio). Durante algum tempo, contem-

---

* Publicado pela Editora Cultrix, São Paulo, 2003.

ple e absorva apenas uma pequena fração da complexidade dessa magnífica dança do universo que se realiza constantemente dentro de nós e ao nosso redor.

Tente ficar em silêncio por períodos mais curtos ou mais longos junto à natureza, apenas observando. Além de ser muito divertido, será muito mais fácil digerir e absorver as idéias e os conceitos deste livro.

Observe a dança cósmica — a inteligente dança cósmica — que se realiza em todos os lugares, em toda a sua volta, em cada folha e em cada árvore, em cada haste de grama, em cada pássaro e em cada abelha, em cada onda do mar e em cada nuvem do céu, em cada célula do seu corpo.

Em seguida, saboreie a força!

Contemple, sim, contemple!

E, depois, saboreie a força!

Deixe que a imensidão dessa dança do infinito penetre profundamente na sua consciência. Observe-a e absorva-a até começar a sentir, mesmo que debilmente a princípio, a Força ou Inteligência Cósmica que está por trás de tudo, dirigindo, coordenando, orientando, arranjando, organizando essa dança infinita da qual todos nós fazemos parte.

Chame essa Força como quiser! Inteligência Cósmica, Deus, Brama, Força de Deus, Substância Divina, Fonte, ou qualquer outro nome. Mas, seja qual for o nome que der a ela, estamos falando da Causa Primeira, que está criando/manifestando o Infinito de Todas as Coisas.

O poder do campo

Um de nossos melhores mestres, Deepak Chopra, chama o universo de "campo unificado" ou "campo de pura potencialidade". Outro grande mestre, Emmet Fox, chama-o de Deus, Mente ou Causa.

Esses homens iluminados dizem coisas como:

Emmet Fox (*Alter Your Life*): "Deus é o nome religioso do Criador de todas as coisas. Mente é o nome metafísico e Causa é o nome atribuído a Deus pela ciência natural. Tudo o que tem qualquer existência real é uma idéia na Mente Única; e essa é a interpretação metafísica do universo. A partir do ponto de vista da ciência natural, podemos dizer que toda a criação é resultado ou efeito da Causa Única (Deus), e que não existem causas secundárias. Mas uma causa não pode ser conhecida diretamente. Ela só pode ser conhecida por seu efeito, e, portanto, o universo é a manifestação ou o efeito da Causa ou Deus..."

Deepak Chopra (*Creating Affluence*): "Por detrás da roupagem visível do universo, além da miragem de moléculas, de *maia* — ou ilusão — de fisicalidade, reside uma matriz contínua, inerentemente invisível, feita de nada. Esse nada invisível silenciosamente orquestra, instrui, orienta, governa e obriga a natureza a expressar-se com infinita criatividade, abundância e inabalável exatidão em uma miríade de desenhos, padrões e formas."

Contemple o poder da força

Mas como idéias abstratas como essa afetam o nosso cotidiano? O que elas significam em termos práticos? Como podemos usá-las para melhorar a qualidade da nossa vida?

Creio que é muito simples: Somos todos parte desse universo infinito e estamos todos interligados. O que significa que, como parte dessa imensa dança de infinidade e energia, todos nós — sem exceção — temos acesso ao vigor e à inteligência da Força.

Apenas o nosso ego pequeno parece nos separar. Apenas nossas ilusões — as ilusões/ignorância da consciência coletiva, que aprendemos e aceitamos — limitam o nosso verdadeiro poder e o nosso acesso à Força.

Portanto, leia e releia esse trecho várias vezes. Pondere sobre tudo isso até que seu subconsciente absorva essas idéias e esses conceitos e, depois, pondere mais um pouco!

Capítulo 4.

O poder da escolha

É libertador descobrir que *você* é quem faz as escolhas na sua vida. E descobrir (perceber) também que a vida não faz nada *para* você e que não existem forças sinistras ou benevolentes externas que controlam o seu destino.

Uma vez feita essa descoberta, você se investe do poder de criar a vida que sempre sonhou.

O poder da escolha
é a nossa maior bênção,
pois com ela vem a capacidade
de selecionar o estado mental
que sonhamos e, portanto, nossas experiências
– FREDERICK BAILES, *BASIC PRINCIPLES
OF THE SCIENCE OF MIND*

Para compreender por que é você quem faz suas próprias escolhas, vamos analisar os mecanismos da mente.

Para simplificar, dividiremos a mente em duas partes:

1. Consciente (mente superficial)
2. Subconsciente (mente mais profunda)

Você pensa com o consciente, percebe com o consciente e seleciona ou faz opções com o consciente.

O subconsciente ou inconsciente age sobre as seleções ou sobre os padrões que recebe do consciente. É também no nível subconsciente que as memórias e experiências pessoais são registradas e armazenadas, bem como as memórias e padrões de toda a raça humana — a chamada consciência coletiva.

O subconsciente ou mente mais profunda cria a realidade com base nos planos de comportamento que foram depositados (impressos) pelo consciente. É por isso que para mudar o próprio comportamento — e, portanto, a realidade externa — é preciso mudar primeiro os padrões que alimentam o subconsciente.

A chave para o subconsciente

Como o responsável por suas próprias escolhas, você seleciona os padrões de pensamento ou planos de vida que alimentam seu subconsciente. Isso significa que se você não gostar da sua realidade atual, se alguma coisa não estiver funcionando como deveria, se você tiver problemas financeiros, doença ou outro tipo de desarmonia, precisará selecionar novos padrões de pensamento para o subconsciente. Pois a sua realidade exterior só está refletindo seus padrões mentais mais profundos.

Que grande descoberta!

Sim, essa é uma grande descoberta porque significa que você é inerentemente livre. Livre para selecionar novos padrões de pensamento, novos planos e, dessa forma, criar uma nova realidade para si mesmo!

Eterna vigilância

O primeiro passo para efetuar uma mudança dos hábitos mentais consiste em ficar consciente dos padrões mentais atuais. Assim que você começar a observar seus padrões, perceberá que 99% dos pensamentos que teve hoje são uma repetição dos pensamentos que teve ontem. Isso é muito interessante: *99% dos pensamentos de hoje são uma repetição dos pensamentos de ontem.* Se não acredita em mim, tente observar seus pensamentos durante todo o dia. Quantos pensamentos *completamente* novos você realmente teve hoje?

E se você teve pensamentos ansiosos, temerosos, depressivos, céticos, críticos ou qualquer outro tipo de pensamento negativo ontem, anteontem e trasanteontem, a sua realidade hoje será reflexo desse padrão mental. Em outras palavras, você sofrerá algum tipo de desarmonia ou problema, alguma forma de doença, fraqueza ou fracasso em algum aspecto da sua vida em conseqüência desses padrões repetitivos arraigados de pensamento negativo.

Essa percepção representa um importante passo à frente. Depois que você percebe seus padrões, que reconhece seus hábitos mentais, pode mudá-los.

Mas a alteração de padrões mentais exige eterna vigilância, pois eles se transformam rapidamente em hábitos mentais arraigados. E, como qualquer outro hábito, a princípio é preciso uma grande determinação para mudar um hábito (para substituir um padrão de pensamento negativo por um positivo).

Os primeiros pensamentos do dia

Se você quiser fazer um teste e conhecer seus padrões mentais, preste atenção nos primeiros pensamentos que passam por sua mente todas as manhãs ao acordar nos próximos dez dias. O seu primeiro pensamento é:

- Ah, que dia maravilhoso! Estou eufórico porque tenho certeza de que algo novo e maravilhoso me acontecerá hoje.
- Droga, acabei de pegar no sono e esse despertador já tocou. Estou mais cansado do que quando fui para a cama. Não sei como vou agüentar outro dia.
- Ah não, outro dia nesse lugar. Detesto meu trabalho e sei que estou desperdiçando minha vida e meu talento aqui.
- Ah, que bom que estou vivo! Mal posso esperar para dizer à minha mulher (marido) o quanto a amo e dar um abraço bem apertado em meus filhos. Sou uma pessoa realmente abençoada.

Essa é uma experiência interessante, pois, assim como outro padrão mental qualquer, seus primeiros pensamentos ao despertar colorem todo o seu dia. À medida que você ficar consciente, por exemplo, do seu padrão matinal, perceberá que seus pensamentos são exatamente os mesmos.

Mude seus padrões matinais

Mudar o padrão matinal pode ser uma boa forma de começar a selecionar novos pensamentos e novos padrões mentais para si mesmo. Provavelmente é por isso que Anthony Robbins elaborou suas famosas cinco perguntas matinais (ver Robbins, *Awaken the Giant Within*) — para ajudar as pessoas a iniciarem o dia com a atitude mental certa. Experimente!

Cinco perguntas matinais de Anthony Robbins
1. De que me orgulho em minha vida?
2. A que sou grato?
3. Quem me ama e a quem eu amo?
4. Qual é o melhor aspecto da minha vida?
5. O que posso fazer hoje para tornar minha vida melhor?

Sugiro que responda essas cinco perguntas todas as manhãs durante pelo menos dez dias até estabelecer um padrão mental matinal mais positivo.

Novo alimento para o subconsciente
Mas, para retomar o relacionamento entre o consciente e o subconsciente: para mudar sua vida, mudar sua realidade, é preciso começar conscientemente a selecionar palavras, emoções e pensamentos positivos, amorosos, alegres e saudáveis (padrões mentais) para o subconsciente. Só depois que as crenças ou padrões mentais mais profundos são alterados é que se começa a perceber mudanças no "mundo exterior", ou seja, nas próprias experiências e no ambiente externo.

Em outras palavras, você demonstra suas crenças mais profundas, demonstra (manifesta) os padrões impressos no seu subconsciente — e não o que diz que gostaria de acreditar ou o que gostaria de pensar que acredita.

No caso das pessoas que dizem uma coisa e fazem outra, suas ações (como é a vida delas atualmente) mostram em que elas realmente acreditam. A vida delas mostra que elas realmente acreditam no fundo do coração (os padrões de seu subconsciente), muito embora possam não ter consciência de seus padrões e hábitos mentais mais profundos.

Técnicas para reprogramar o subconsciente

É por isso que as técnicas descritas neste livro foram elaboradas para a reprogramação do subconsciente. Todas as técnicas lançam mão de duas coisas: primeiro, a seleção consciente de novos padrões mentais; segundo, a repetição contínua do novo padrão até que ele seja aceito pelo subconsciente.

É por isso também que sempre recomendo repetir uma afirmação, um tratamento ou um exercício de visualização todos os dias durante pelo menos 30 dias — porque geralmente leva um pouco de tempo para que o subconsciente aceite novos padrões mentais.

Consulte o livro *Fast Food para a Alma* para descrições detalhadas de ótimas técnicas de reprogramação do subconsciente: Capítulo 3, O poder da afirmação (repetição de afirmações positivas); Capítulo 4, O poder da liberação; Capítulo 5, O poder do NÃO; Capítulo 6, O poder da visualização (formar imagens mentais de uma nova realidade); Capítulo 8, O poder de focalizar; Capítulo 11, O poder da generosidade; e Capítulo 17, O poder do elogio e da bênção.

Dieta mental dos sete dias

Em seu livro *Power through Constructive Thinking*, escrito na década de 1930, Emmet Fox apresenta a "Dieta Mental de Sete Dias". Essa dieta provavelmente é uma das melhores maneiras de adquirir consciência dos próprios padrões mentais. Ao explicar os mecanismos da dieta mental, Emmet Fox esboça os primeiros passos básicos necessários para a mudança dos padrões mentais e a reprogramação do subconsciente.

Nas palavras de Fox: "A prescrição é a seguinte: durante sete dias, não deixe que sua mente retenha um único pensamento negativo. Vigie a si mesmo durante toda a semana como um gato vigia um rato, e não permita, em hipótese alguma, que sua mente retenha um pensamento que não seja positivo, construtivo, otimista, bom."

Segundo Fox, esse tipo de dieta mental é muito mais extenuante que qualquer dieta física, portanto é bom refletir cuidadosamente sobre suas conseqüências antes de iniciá-la. Ele prossegue: "A idéia é fazer sete dias ininterruptos de disciplina mental para que a mente assuma definitivamente um novo padrão."

Pensamento negativo, na opinião de Fox, é "qualquer pensamento de fracasso, decepção ou problema; qualquer pensamento de crítica, rancor, inveja ou reprovação em relação a outras pessoas, ou de auto-reprovação; qualquer pensamento sobre doença ou acidente; ou, em suma, qualquer pensamento de limitação ou pessimismo. Qualquer pensamento que não seja de caráter positivo e construtivo, seja em relação a si mesmo ou a outra pessoa, é um pensamento negativo".

Fox diz que sabe que não podemos controlar os pensamentos que simplesmente surgem em nossa mente. Mas, segundo ele, numa dieta mental o fator crucial é o seguinte: Sempre que tomamos consciência de um pensamento negativo, devemos substituí-lo imediatamente por um pensamento positivo. Só sairemos da dieta (por assim dizer) se retivermos um pensamento negativo. Em outras palavras, se um pensamento negativo surgir em sua mente e você começar a refletir sobre ele ou a alimentá-lo, então sairá da sua dieta mental e terá de reiniciá-la!

Vá trabalhar assim mesmo!

Mas você se pergunta, então, se precisa viver em um vácuo para fazer a dieta mental! Não, de maneira nenhuma. Significa apenas que quando estiver no trabalho, lendo jornal, assistindo TV ou conversando com pessoas que costumam se lamuriar e se queixar o tempo todo ou fazer comentários negativos sobre tudo, você manterá a sua dieta mental desde que não concorde mentalmente nem dê sua aprovação ao que está sendo dito. Em outras palavras, a sua dieta mental não é afetada por outras pessoas — ou eventos externos — desde que você não se deixe levar por esses acontecimentos ou pelos comentários negativos. Contanto que cultive pensamentos positivos e construtivos, você estará mantendo a sua dieta mental.

Não é para medrosos!

A dieta mental de sete dias não é para medrosos. Sei disso porque já fiz diversas vezes. Mas não é só divertido, é revelador, porque não se pode fazer a dieta mental sem ficar dolorosamente consciente dos próprios hábitos e padrões mentais negativos. A dieta mental é tão reveladora que pode ser bastante constrangedora. Mas é também uma maneira absolutamente brilhante de descobrir o que está se passando na própria cabeça. Portanto, recomendo entusiasticamente que, de tempos em tempos, você faça a dieta por sete dias. Ela pode mudar a sua vida. Certamente mudou a minha!

Capítulo 5

O poder da tecnologia mental

Todas as técnicas descritas neste livro são formas distintas de *tecnologia mental*. Tecnologia mental é um termo que cunhei para descrever essas técnicas, porque elas são instrumentos mentais que podem ser usados para criar a vida que você sempre quis viver. Em outras palavras, tecnologias mentais são técnicas ou diferentes formas de assumir o comando dos próprios processos de pensamento e, conseqüentemente, do processo de manifestação da vida.

O processo de manifestação é o seguinte:

Pensamento → Palavra → Manifestação
no Plano Exterior

Todas as minhas técnicas ou tecnologias mentais foram elaboradas para ajudar você a aprender a alinhar seus pensamentos, de modo que passe a pensar da maneira correta, falar da maneira correta e agir da maneira correta — de acordo com o Bem Supremo que você pode conceber.

Fazendo isso, você poderá se alinhar com o poder ilimitado do universo, que é bom (o Capítulo 15 explica por que isso é verdade).

As tecnologias mentais básicas descritas no livro *Fast Food para a Alma* — afirmações e visualizações — são formas fáceis e eficazes de alinhar os seus processos de pensamento com o bem maior que você deseja manifestar em sua vida. Para uma explicação detalhada da tecnologia mental, consulte meu livro *Mental Technology* (também publicado como *The 10 Mental Laws*).

Baseadas na lei mental

O que torna essas técnicas ou tecnologias mentais tão eficazes é o fato de serem baseadas numa lei mental impessoal.

Mas o que é lei? Lei é algo imutável; uma lei descreve algo que é sempre verdadeiro, independentemente de quando ou onde ocorre o evento ou fenômeno ou de quem esteja envolvido. Em outras palavras, uma lei descreve como os fenômenos operam, qualquer que seja a situação. A lei da gravidade é um bom exemplo, pois está sempre em ação. Isso significa que não importa que você seja o presidente dos Estados Unidos ou uma faxineira — se pular de um prédio de dez andares atingirá o chão porque a lei não leva em consideração quem é você. As leis não têm exceção. As leis descrevem fenômenos impessoais, que operam automaticamente, sempre, em todos os lugares, com todas as pessoas.

As leis mentais não são diferentes. Elas descrevem como os fenômenos mentais operam, e também são imutáveis. A lei mental básica que governa a nossa existência neste planeta é a seguinte:

O pensamento é a causa; os eventos são o efeito.

Essa é a lei básica de causa e efeito, e é a mais importante de todas as leis mentais. Ela nos diz que os nossos pensamentos criam a nossa realidade, e não o contrário. (Para uma descrição detalhada das leis mentais que governam nossas vidas, leia meu livro *Mental Technology* (também conhecido como *The 10 Mental Laws*).

Se você compreender essa lei e perceber o seu significado, terá a chave para transformar a sua vida — porque você é o único que pode operar essa lei. Em outras palavras, a lei explica como e por que você, como aquele que faz as suas escolhas pessoais, tem o poder de mudar a sua vida. Como o pensamento é o fator causal no universo, ao escolher os seus pensamentos, você está escolhendo a sua vida. E como só você pode pensar com a sua mente, você — e somente você — tem todo o poder de orientar seus pensamentos e criar a Vida que sempre desejou.

Até compreender esse mecanismo, você será escravo dele. Depois que compreender o mecanismo, terá a chave da liberdade.

A importância da tecnologia mental

Por que a tecnologia mental é tão importante? Porque até compreendermos a base do processo de manifestação — a lei de causa e efeito — todos os nossos esforços no sentido de melhorar a nossa vida e a vida no planeta Terra serão em vão. Porque esses esforços baseiam-se na tentativa de mudar o exterior, que é efeito.

Usando as tecnologias mentais, estamos lidando com a causa. Essa é a chave para o verdadeiro sucesso.

Quando percebemos que *o pensamento é a chave do destino*, compreendemos que a promoção de mudanças sociais e políticas — embora altamente recomendável — ainda lida com o efeito — e não com a causa. Podemos defender a justiça no plano exterior, mas quando compreendemos a lei de causa e efeito, sabemos que o comportamento certo é resultado da maneira certa de pensar. Isso não quer dizer que não deveríamos tomar todas as medidas práticas no mundo exterior para viver em paz e em harmonia (ver Capítulo 16, O poder da visão), mas, sim, que a próxima etapa na nossa evolução será compreender a verdadeira natureza da lei de causa e efeito.

Seguindo essa linha de raciocínio, compreendemos que a maior parte da chamada *New Age* ou dos métodos alternativos também se baseia em mudança e manipulação das coisas do mundo exterior; em outras palavras, lida com os efeitos e não com a causa. Obviamente, é recomendável fazer uma alimentação mais balanceada, usar medicamentos naturais, fazer exercícios físicos equilibrados e trabalhar com técnicas psicológicas harmoniosas, mas esses tratamentos também se concentram no exterior — nos efeitos, e não na causa. Quando assumimos o comando do nosso foco mental e o dirigimos para o Bem Maior, adquirimos paz e harmonia. Então, automaticamente comemos e bebemos de forma harmoniosa e tratamos uns aos outros, à Terra e a nós mesmos com benevolência.

Além disso, todas as formas voltadas para o exterior ou para os outros — sejam as estrelas, o I Ching, as cartas de tarô, a mídia local, o vidente, o médium ou o guru — lidam com os efeitos, e não com a causa. Estamos doando nosso poder aos outros. Quando você compreender que o *pensamento é a chave do destino*, não desejará depender da interpretação alheia da natureza da realidade, mas apenas na da sua interpretação!

Adote a premissa certa e tome uma posição

Tudo isso significa que quando você compreender que a tecnologia mental é a chave para a mudança, perceberá que tudo o que precisa fazer é adotar a premissa certa e apoiá-la. Por premissa certa eu me refiro ao alinhamento dos seus pensamentos, palavras e atos com a natureza da realidade, que é sinônimo de Bem Maior, não interessa o que o mundo exterior parece estar lhe mostrando.

Apenas concentre-se — no amor, na saúde, na paz, na harmonia — e assuma uma posição.

Como você sabe que o pensamento é o fator causal no universo, a sua demonstração é só uma questão de tempo — e o seu novo bem se manifestará no plano exterior.

Capítulo 6

O poder da perspectiva certa

Uma maneira fantástica de elevar o seu nível de energia, aumentar o seu poder e melhorar a sua vida consiste em praticar o que chamo de "perspectiva certa".

Por "perspectiva certa", refiro-me a concentrar a atenção no bem que já existe em todas as pessoas e situações. Quando você se concentra no bem inerente a todas as pessoas, todos os lugares, você o promove. Então coisas extraordinárias acontecem, e é como se você se transformasse num mágico.

Sua vida ganha um novo brilho.

As pessoas começam a perguntar qual é o seu segredo.

Veja a graça e a beleza

Sente-se sozinho durante meia hora, e volte a sua atenção para a graça e a beleza ao seu redor. Se você se dispuser a fazer isso, descobrirá graça e beleza em tudo — seja um vaso de flores amarelas sobre a mesa, o sorriso de sua filha,

Fast-food para a alma 2

o entusiasmo estampado no rosto do menino que passou por você no supermercado... ou a amabilidade do seu médico, a presteza do gerente do banco, a acolhida calorosa da sua irmã ontem ou a agradável sensação de satisfação após a apresentação que acabou de fazer. A lista é interminável. Mas esse é um exercício que vale a pena fazer, pois como você espera saborear o bem que almeja se acredita que ele está muito, muito distante? Se você acreditar que ele está muito distante, provavelmente ele estará muito distante, porque a vida tem uma maneira de se transformar exatamente naquilo que acreditamos.

Veja a força

Se você se sente fraco ou cansado, ou de alguma forma desanimado ou decepcionado consigo mesmo ou com a vida, sugiro que se concentre em "ver a força da vida" durante uma ou duas semanas. Garanto que você recuperará a sua. Eis como fazer.

Repetindo, sente-se sozinho, de olhos fechados, durante meia hora por dia, e concentre-se na força da vida. Veja a força que está presente em tudo — a força do universo, a força daquilo que denominamos vida. Faça um passeio imaginário e preste atenção na natureza. Veja a força da Terra, a força de uma árvore frondosa, a força do oceano batendo contra a praia, a força do vento, dos rios; visualize mentalmente tudo o que o remeta à força. Em seguida, concentre-se na força das pessoas à sua volta. Veja a vitalidade de seus vizinhos. Veja a energia e a vivacidade deles — a mesma vivacidade que o anima. Lembre-se de como sente a sua força. Deixe seu corpo estremecer perante o pensamento da sua força. Sinta o pulsar da força da vida.

Pois, novamente, como você pode esperar sentir-se forte, como pode esperar ter força se não se permite desfrutá-la?

O segredo reside em desfrutar a força que você já tem — a vida que já lhe foi concedida — porque aquilo em que você se concentra se desenvolve.

Veja bondade

Não importa quem você seja e onde esteja, existe uma bondade inenarrável em sua vida neste momento. Porque você tem a própria vida. Isso significa que toda a bondade do universo já é sua. Talvez seja difícil acreditar nisso, mas só porque você encobriu a sua verdadeira natureza e o seu verdadeiro poder com um véu. Você já se esqueceu de que você — a pessoa que faz as escolhas na sua vida — é dotado do poder da concentração. E que ao escolher o foco da sua atenção, já está criando, a partir do invisível, a sua vida atual. Se essa vida não é tão boa quanto você desejava, é porque você se esqueceu do seu verdadeiro poder. E como você não compreendeu o mecanismo, talvez esteja pensando que essa vida imperfeita é algo que está acontecendo com você — que você é uma vítima. Mas isso não é verdade. Sua vida atual é a vida que você escolheu.

Portanto, quando você compreender o mecanismo, verá que a bondade que busca está aguardando que você a escolha.

Este é o segredo que os sábios há muito conhecem. Que a bondade que você almeja está aqui agora. Mas que só você — ninguém mais — pode trazê-la para a sua vida. Até que faça isso, essa bondade ficará dormindo como a Bela Adormecida — esperando que seu beijo a traga à vida.

Veja a sabedoria

E a inteligência? Parece haver falta de comportamento inteligente à sua volta? Se esse for o caso, você está novamente observando o mundo exterior refletir o seu foco interior como um espelho.

Concentrar-se naquilo que você considera ignorância alheia é tão devastador quanto concentrar-se na pobreza e na carência. Na verdade, é tudo a mesma coisa.

Se esse for o caso, talvez esteja na hora de sentar-se consigo mesmo e tentar ver a sabedoria e a inteligência onipresentes — trabalhando dentro e através de todos, gravitando ao seu redor neste momento. Não se trata apenas de se concentrar na genialidade da natureza, o que é relativamente fácil. Trata-se de um enfoque maior — uma visão maior — pois significa concentrar-se na inteligência de seus vizinhos e em todas as pessoas que você encontrar. Trata-se de se concentrar na sabedoria que todos estão expressando por meio de suas ações e atividades cotidianas. Se olhar com cuidado, você verá claramente que essa inteligência existe, e que sempre existiu, mas você — talvez na pressa desmedida — não reconheceu. Sugiro que reserve um tempo para fazer isso. Se achar que falta inteligência ao seu redor, sugiro que se sente consigo mesmo, pelo menos meia hora por dia, e concentre-se na inteligência de todos os que encontrar.

Reiterando, para vivenciar a inteligência, é preciso reconhecê-la.

A perspectiva certa

Assim, ver direito quer dizer criar a partir do invisível a bela manifestação da verdadeira bondade da vida. Se é amor que você deseja ver, tente ver o amor que todos estão expressando e que está presente em todos os lugares à sua volta. Sente-se consigo mesmo e veja o amor em seus amigos, em sua família, em seus vizinhos e em seus colegas. É beleza que você deseja ver? Então procure a beleza e a reconheça. É prosperidade que está faltando? Então volte a sua atenção para a abundância que está presente em todos os lugares, em sua própria vida e na vida dos outros.

Compreender que o sentimento de exaltação em relação à abundância ou beleza — quer você pense que tem ou não — é a forma mais rápida de suscitar e sentir abundância e beleza na sua própria vida.

Isso porque sempre que você se permitir ter a perspectiva certa, a bondade jorrará em cada esquina. E muito em breve, você cruzará com a bondade em todos os lugares, como num passe de mágica.

Capítulo 7

O poder de dar com alegria

A nossa casa, o universo infinito, é uma dança de afluência e abundância infinitas, um fluxo maciço de energia que está continuamente circulando e mudando de forma.

E nós somos dançarinos de luz — campos de força localizados — nesse campo enorme e dinâmico de energia que é a nossa casa. A natureza abundante desse vasto campo é também a nossa verdadeira natureza; portanto, qualquer coisa que fizermos (por medo ou ignorância) para restringir, retardar ou deter esse poderoso fluxo de energia provocará limitação, desequilíbrio, estagnação, carência e/ou doença física e mental em nossa vida.

Por isso é tão importante aprender a arte de dar e receber. Como a circulação de energia é a natureza básica do universo, ela é também a nossa natureza básica.

Dando...

Quando somos generosos, circulamos energia. Portanto, quando somos generosos, estamos em harmonia com a natureza do universo.

Existem muitas maneiras de dar ou circular energia. Podemos dar amor, nossos préstimos ou auxílio, podemos dar prazer, podemos dar alegria e riso — além de compreensão e estímulo. Podemos dar nossas bênçãos. Podemos dar presentes materiais ou palavras, emoções e pensamentos positivos para outras pessoas — e também o nosso tempo ou dinheiro. Algumas coisas boas que devem ser lembradas:

Não importa o que você esteja buscando, primeiro dê!
Dê aquilo que está buscando!
Deseje para os outros aquilo que deseja para si mesmo!

... e recebendo

Esse vasto movimento de energia, entretanto, não é unidirecional. É mais semelhante a um sistema circulatório infinito! Portanto, precisamos também estar prontos para receber graciosamente a abundância do universo, não importa a forma que ela chegue até nós.

Isso significa: Não receba de forma rude! Se algum dia você encontrar alguém que age dessa forma, entenderá o que quero dizer. É tão decepcionante dar alguma coisa a alguém que resiste à nossa generosidade!

Se você receber com ingratidão, além de bloquear o fluxo de energia que vem em sua direção, estará fazendo uma afirmação negativa. Ser ingrato e mal-humorado quando o universo deposita o bem na sua porta é o mesmo que dizer que você não merece o que está recebendo, ou que não acha que tem o direito de receber. Você estará dizendo também, da forma mais fundamental, que não compreende a natureza do universo!

Se continuar afirmando a sua falta de compreensão por meio da ingratidão, muito em breve você não receberá mais presentes!

Portanto, da próxima vez que algo bom surgir na sua porta — por mais estranho ou inesperado que seja — receba de braços abertos! Seja em forma de dinheiro, aprovação, ajuda, serviço — seja elogio, apoio, estímulo, novas oportunidades ou bênçãos inesperadas. Não importa a forma que a energia que vem na sua direção assuma, sempre que alguém quiser lhe dar alguma coisa, receba com gratidão!

Como diz Emmet Fox em *Alter Your Life*: "O que somos para o universo, o universo será para nós; o que damos, seja generosidade ou parcimônia, é o que recebemos em troca; o semelhante atrai o semelhante; o homem colhe aquilo que semeia; e nenhum ser humano escapa da lei."

Dar com alegria

Uma vez que compreendemos essa lei, ou seja, a natureza do universo, uma vez que nos consideramos parte dessa dança universal, parte dessa enorme troca de energia, só poderemos dar e receber com alegria! E dar com alegria é tão importante quanto receber com alegria!

Porque o universo adora dar com alegria!

Você já recebeu um presente dado de má vontade? Se recebeu, sabe que teria sido melhor se a pessoa não tivesse dado nada. Pois o fato de dar sem alegria anula todo o ato de dar alguma coisa. Provavelmente porque outro aspecto intricado na natureza do universo é a alegria pura.

Reconheça e louve a fonte!

Quando percebemos que o universo é a única fonte de tudo e a única fonte de todo o bem, podemos cantar Aleluia! E quando sabemos e compreendemos perfeitamente que tudo o que existe é obra do universo infinito, inclusive nós mesmos, e que fazemos parte deste vasto e maravilhoso esquema, que é absoluta e infinitamente abundante, qualquer temor que possamos ter em relação à generosidade desaparece instantaneamente! Porque:

Dar com alegria significa conhecer a natureza da realidade.

Dar com alegria significa confiar no universo.

Dar com alegria significa conhecer a própria identidade.

Dar com alegria significa saber que já estamos em casa e que a nossa casa é o universo infinito.

Dar com alegria significa saber que existe uma infinidade ou mais.

Dar com alegria significa se considerar parte desse grande fluxo de energia e, portanto, como pode haver carência?

Há sempre algo para dar

Seja qual for a sua situação atual, você sempre conseguirá ativar a lei da circulação de energia em sua vida e no ambiente à sua volta sendo generoso. Como não importa o quê, sempre há algo para dar — e dar com alegria.

Por mais "pobre" que você seja, sempre encontrará alguma coisa para dar. Por exemplo, você pode fazer um elogio ou ajudar os amigos dedicando a eles algumas horas do seu tempo. Pode oferecer estímulo ou apoio a um projeto, pode dar flores colhidas no campo ou um de seus pertences mais valiosos... Existem inúmeras formas de colocar a energia do universo em movimento na sua vida, não importa a sua situação financeira (ver a seção sobre dízimo no Capítulo 9, O poder de possuir mais dinheiro).

Portanto, se quiser prosperar, comece imediatamente! Coloque as coisas em movimento começando a atividade de circulação em sua vida! Seja generoso, e dê sem receio!

> Uma oportunidade perdida para dar
> é uma oportunidade perdida para receber
> — JON P. SPELLER, *SEED MONEY IN ACTION*

A generosidade dissolve a estagnação

Se você está passando por algum tipo de dificuldade ou infelicidade, ou se tem um problema físico ou mental, isso significa que alguma coisa, em algum lugar, está estagnada em sua vida. Repetindo, uma ótima forma de dissolver a estagnação é ser arrojado e dar com alegria!

O ato de dar — e dar com coragem e alegria — abre os canais e dissolve a estagnação. Essa é simplesmente uma das formas mais eficazes de fazer a energia do universo circular novamente.

Então deixe que os dançarinos dancem!

E lembre-se — dê sempre o que você gostaria de receber. (E deseje aos outros, mesmo aos ditos "inimigos", o que gostaria para si mesmo.)

Sim, essa é uma lei universal imutável. Dar é como semear: Para colher o bem, é preciso semear o bem.

Capítulo 8

O poder de não ter idade

Quantos anos você teria se não soubesse a sua idade? 20, 17, 95 ou 5 anos?

Quantos anos você teria?

E como você se comportaria se não soubesse a sua idade?

Se você não soubesse quantos anos tem, seria impossível saber como se comportar. Afinal de contas, todos nós aprendemos a ter um comportamento "condizente com a nossa idade". Mas se você não soubesse quantos anos tem, simplesmente não poderia fazer isso.

Então, o que faria?

Todos sabemos que pessoas na casa dos 40, 50 ou 60 anos não devem se comportar como se tivessem 17 anos de idade. Tampouco como uma criança de 5 anos ou alguém de 95 anos. Espera-se que sejam "adultas" e ajam de acordo com a idade que têm.

Mas o que significa se comportar de acordo com a idade quando se tem 40 ou 50 anos?

Bom, existem várias coisas que podemos fazer aos 17 anos de idade e que supostamente não seríamos capazes de fazer aos 40 ou 50 anos.

Wayne Dyer contou a seguinte história numa palestra. Certo dia ele estava correndo na companhia da esposa (na época ele tinha 55 anos) e havia uma cerca à frente. Quando ele começou a pular a cerca, a esposa gritou: "Você não pode fazer isso..." Mas era tarde demais, ele já tinha pulado a cerca. Mais tarde, sua esposa disse: "Wayne, você não pode pular cerca desse jeito... você tem 55 anos." E ele disse: "Ih, eu esqueci."

Interessante, não?

Como o pensamento da "idade" nos limita.

Como limita a percepção de quem somos e do que podemos fazer.

Envelhecimento é um conceito

Envelhecimento é um conceito, uma idéia que faz parte da consciência coletiva e que está profundamente enraizada ou programada em cada um de nós. Isso porque nos ensinaram, mostraram, condicionaram, atormentaram, intimidaram e submeteram a uma lavagem cerebral para acreditarmos que declínio, decadência, doença, tristeza, pavor, decrepitude, derrocada, sina, desastre e, finalmente, a morte são o nosso quinhão. (Outras palavras vívidas que associamos com envelhecimento e velhice são fraco, doentio, frágil, débil, enfermo, delicado, senil, aflito, inválido...)

Mas o que é de fato envelhecimento?

Por acaso está gravado na pedra que declínio, decadência, desastre e morte são a ordem natural das coisas — e a única forma de deixar este mundo?

O que é envelhecimento?

O que é que envelhece? Não são as moléculas e os átomos que compõem as células do corpo humano que envelhecem, pois eles estão continuamente sendo substituídos. De fato, 98% dos átomos do corpo humano são substituídos no espaço de um ano. Então, o que é que fica velho? Quem está envelhecendo?

Em *Ageless Body, Timeless Mind*, Deepak Chopra disse: "O declínio do vigor na velhice ocorre, sobretudo, porque as pessoas *esperam* entrar em declínio; elas têm, inconscientemente, intenções de fracasso, na forma de forte crença, e a conexão mente-corpo coloca automaticamente essas intenções em prática." De fato, prossegue Chopra, "O envelhecimento do corpo está fora do nosso controle porque ele foi programado para obedecer as regras desse condicionamento coletivo."

Sem limites

Toda vez que você estabelecer limites por causa da idade, faça uma observação mental para substituir essas imagens de limitação por imagens positivas de si mesmo, cheio de vigor e viço, em todas as idades.

Uma forma de se programar consiste em fazer afirmações positivas diariamente. Eis algumas das minhas afirmações preferidas.

A cada dia, sob todos os aspectos, estou cada vez melhor!

Todas as células e todos os átomos do meu corpo estão repletos de Vida e Luz!

EU SOU forte e saudável. EU SOU! EU SOU! EU SOU!

"Sou alimentado pelo espírito interior. Todas as células do meu corpo estão repletas de Luz. Dou graças por minha saúde e felicidade infinitas" — Florence Scovel Shinn, *Your Word Is Your Wand*.

Essa mudança de vida é um tempo de crescimento para a alma e liberdade que se transformam em bem para mim. Passo por todas as mudanças com facilidade e paz.

Amo meu corpo, e meu corpo me ama.

A ordem divina prevalece na minha mente e no meu corpo.

"Sou jovem e atraente — em todas as idades." Louise L. Hay, *Life! Reflections on Your Journey*.

Agradeço pela minha saúde, força e vitalidade crescentes. Atualmente, gozo de excelente saúde.

(Para outras boas afirmações corporais, ver *Fast Food para a Alma*, Capítulo 3, O poder da afirmação.)

Aquilo em que você se concentra aumenta

Quando você se concentra no bem, o bem cresce. Quando se concentra no quanto seu corpo é forte e saudável, sua força e sua saúde aumentam. (Para mais detalhes, ver *Fast Food para a Alma*, Capítulo 17, O poder do elogio e da bênção.)

Tempo de repensar

Está na hora de analisar mais de perto algumas das últimas descobertas científicas sobre saúde e envelhecimento — e sobre a conexão mente-corpo de modo geral — e repensar todo o assunto. E também de reclamar o nosso poder de dirigir conscientemente o nosso corpo.

Na verdade, talvez seja hora de repensar o roteiro sobre envelhecimento. E talvez também sobre morte e perecimento.

Experiências de quase-morte

Já li sobre experiências de quase-morte e assisti a programas de TV sobre esse assunto. Ao que parece, todas as pessoas que passaram por esse tipo de experiência relatam a mesma coisa. Elas deixaram o próprio corpo, atravessaram um túnel de luz e foram saudadas calorosamente do outro lado por anjos, seus avós favoritos, Jesus ou alguém de quem gostavam ou amavam muito. Todas dizem que a experiência foi extremamente pacífica e bonita... e que, depois dela, passaram a não ter mais medo da morte.

Um garotinho que vi num documentário sobre experiências de quase-morte disse que quando acordou lá, havia uma porta "de entrada" e uma porta "de saída". Quando olhou através da porta "de entrada" que supostamente deveria cruzar, viu os avós se aprontando para retornar à Terra pela porta "de saída"!

Liberte-se do medo da morte

Você consegue imaginar como seria se não tivéssemos medo da morte?

Consegue imaginar o imenso suspiro de alívio da consciência coletiva se todo mundo deixasse de temer a morte?

Consegue imaginar o alívio que você sentiria se não temesse mais a morte? Se tivesse certeza, sem nenhuma sombra de dúvida, que a travessia para o outro lado seria muito divertida — uma grande aventura — porque você encontraria todas as pessoas que ama e teria a companhia dos anjos e de todos os outros espíritos divinos?

E se acreditasse que a morte é mais arrebatadora e mais divertida que qualquer outra coisa que você já fez no planeta Terra? Sua vida seria diferente? Você seria mais amável? Assumiria mais riscos? Seria mais generoso? Mais amoroso? Uma companhia mais divertida? Daria mais risadas de seus chamados apuros? O que mudaria na sua vida se você não temesse a morte?

E se você tivesse uma grande percepção — uma percepção profunda — de que é um espírito divino, aqui e agora, neste exato momento, que viverá para sempre em algum lugar, em alguma esfera, e que optou por vir para o planeta Terra e viver neste planeta neste corpo em particular, nesta época específica, para aprender essas lições, a sua perspectiva sobre a morte não mudaria? Você não passaria a ver a morte simplesmente como outra transição? Outra mudança? E essa nova perspectiva sobre a vida e a morte, essa visão mais ampla, não tornaria a sua vida atual, aqui e agora, muito mais fácil e mais divertida?

Se for assim, então por que não mudar a sua concepção sobre a morte e perecimento neste exato momento?

Depende de você.

Não se esqueça — é você quem faz as escolhas em sua vida.

Se quiser mudar seu velho condicionamento e sua antiga programação em relação a envelhecimento e ao processo da morte e substituí-los por novas imagens positivas, sugiro que comece lendo *Ageless Body, Timeless Mind*, de Deepak Chopra, e *Life! Reflections on Your Journey*, de Louise L. Hay.

Visualize sua partida

Já que tudo que focamos acontece, por que não começamos a visualizar uma morte bonita para nós mesmos — a partir deste minuto?

Em primeiro lugar, vamos abandonar nossos velhos temores e todas as imagens negativas que associamos à morte (ver *Fast Food para a Alma*, Capítulo 4, O poder da liberação). Em seguida, vamos alimentar o subconsciente com novas imagens mentais extraordinariamente bonitas e pacíficas (ver "Lei da substituição" no Capítulo 12).

Precisamos também de novos modelos de comportamento! Exemplos a serem seguidos que nos ensinem a morrer sem medo e em paz!

Todo mundo já ouviu histórias fantásticas de pessoas que sabiam que havia chegado a hora de partir do planeta Terra e que se prepararam para a jornada. Primeiro, organizaram toda a sua papelada e seus pertences pessoais, depois disseram adeus aos amigos e entes queridos e, por fim, sem nenhuma pressa ou ansiedade, sentaram-se numa cadeira ou deitaram-se na cama e passaram suavemente para o outro lado.

Por que você não visualiza o mesmo para si mesmo?

Sempre que se surpreender com pensamentos negativos, pensamentos de medo, pensamentos de dor, pensamentos de doença, pensamentos de desânimo ou fatalidade ao pensar sobre a morte, substitua essas imagens negativas por visões bonitas de si mesmo deixando seu corpo com suavidade e paz, subindo por um túnel magnífico de luz e amor e chegando alegremente do outro lado para se ver rodeado de mais amor, beleza e paz que já teve a oportunidade de vivenciar no planeta Terra.

Por que não? Por que não tentar?

Creio que se nós, que fazemos escolhas conscientes, enviarmos sinais à nossa mente com instruções de mudança, poderemos nos libertar de nossos medos, ter uma nova visão alegre e ascender suavemente quando chegar a hora.

Portanto, boa viagem!

Capítulo 9

O poder de possuir mais dinheiro

Todos os ensinamentos metafísicos e espirituais, passados e presentes, ressaltam o fato de que, como somos filhos de um universo abundante, a abundância é um direito inato. Em essência, todos os grandes mestres dizem a mesma coisa: existe uma oferta ilimitada, poderosíssima e fluente de tudo o que podemos precisar ou imaginar neste universo. E esse suprimento está permanentemente à espera de um comando para que possa atender a todas as nossas demandas. Só há uma condição: primeiro nós, que fazemos as escolhas, devemos liberar conscientemente esse suprimento.

Existem algumas leis ou princípios que nos ajudam a adquirir consciência de prosperidade e a manifestar abundância em nossa vida. A aplicação dessas leis ou princípios é uma disciplina, e por meio delas podemos adquirir consciência de prosperidade e cultivar o fluxo de abundância. Descrevo aqui duas poderosas leis de prosperidade — a Lei do Retorno Dez Vezes Maior e a Lei do Dízimo. Mas primeiro...

Fast-food para a alma 2

Abandone a consciência de pobreza

Vamos analisar brevemente nossa fixação por dinheiro. Como mencionei em O poder do dinheiro (*ver Fast Food para a Alma*, Capítulo 10), muitas pessoas têm atitudes negativas em relação ao dinheiro e acreditam em carência. E como se concentram em carência, demonstram (manifestam) carência todos os dias de suas vidas.

Se esse é o seu caso, se está demonstrando carência e limitação em sua vida, você pode mudar totalmente essa situação. Mas, para isso, precisa primeiro substituir as atitudes, crenças e padrões negativos sobre o dinheiro por atitudes e crenças positivas. Essa mudança mental — de carência para abundância — constitui um pré-requisito para mudar a sua situação financeira e todas as outras situações externas em sua vida.

Para demonstrar prosperidade, você precisa primeiro compreender que a abundância é a natureza do universo e que, como filho do universo, a abundância também é a sua verdadeira natureza. Como diz Deepak Chopra em seu livro *The Seven Spiritual Laws of Success*: "Quando você se baseia no conhecimento do seu verdadeiro Eu — quando compreende realmente a sua verdadeira natureza — não sente culpa, medo ou insegurança em relação a dinheiro, afluência ou realização dos próprios desejos, pois sabe que a essência de todos os bens materiais é energia vital, é potencialidade pura. E potencialidade pura é a sua natureza intrínseca."

Elimine a consciência coletiva

Cultivar essa consciência de abundância também é a melhor forma de eliminar o foco na carência e na limitação que domina a consciência coletiva da raça humana atualmente. Como estamos todos horrorizados com a pobreza e a miséria em que muitos de nossos irmãos vivem hoje em dia, é de suma importância que façamos essa mudança vital para a consciência de riqueza, o mais rápido possível. Isso porque, como estamos todos interligados, os pensamentos e atitudes mentais de cada indivíduo sempre influenciam a consciência da raça humana como um todo. Portanto, lembre-se:

O Bem de Um é o Bem de Todos
— CATHERINE PONDER, *THE DYNAMIC LAWS OF PROSPERITY*

Lei do retorno dez vezes maior

Um dos princípios de prosperidade mais divertidos e interessantes é a Lei do Retorno Dez Vezes Maior. Muitas pessoas prósperas exercitam essa lei sem se dar conta disso — e outras, em sua sabedoria, fazem-no conscientemente.

A Lei do Retorno Dez Vezes Maior é basicamente a seguinte: Você usa parte do seu dinheiro como *semente*. Em outras palavras, pode conscientemente plantar (semear) uma quantia específica e reivindicar imediatamente ao Infinito o reembolso de um valor dez vezes maior.

Por exemplo, você dá dez reais de presente a um amigo e, ao mesmo tempo, diz para si mesmo: "Dei esses dez reais e, portanto, reivindico ao Infinito que essa quantia volte para mim dez vezes maior. Recebo agora 100 reais (10 x 10)." Depois de fazer a reivindicação com firmeza, libere-a, consciente de que o universo lhe devolverá uma quantia dez vezes maior, provavelmente de maneiras que você jamais poderia imaginar.

A fórmula da semente de dinheiro

Para quem quiser experimentar a Lei do Retorno Dez Vezes Maior, aqui está, na íntegra, a "Fórmula para Semear Dinheiro" do livro *Seed Money in Action: Working the Law of Tenfold Return*, de Jon P. Speller:

A fórmula é muito simples:

1. Plante a *semente de dinheiro*. Dê a quantia que quiser a uma organização ou a uma pessoa qualquer.

2. Agora faça a sua reivindicação. Logo depois de fazer a sua doação, assim que estiver sozinho, reivindique ao infinito um valor dez vezes maior da seguinte forma:

Recebi _____ (exatamente dez vezes o valor dado) em retribuição, para o bem de todos os envolvidos. Obrigado. Obrigado. Obrigado.

3. Repita essa fórmula inúmeras vezes. Repita antes de adormecer. Repita durante a noite, se acordar. Repita diversas vezes logo que despertar pela manhã. Repita o máximo que puder e, depois, relaxe e siga sua rotina normal. Não é necessário exagerar.

O poder de possuir mais dinheiro

4. Comece a exercitar a lei conscientemente com uma quantia modesta, de modo que tanto o presente quanto o retorno multiplicado sejam importantes para você. Se começar com uma quantia elevada, começará a imaginar a proveniência do dinheiro e a levantar dúvidas. Evite dúvidas, pois elas poderão se manifestar como ausência de resultados.

5. Não revele a ninguém sua reivindicação nem seu exercício. Guarde para si mesmo. Você pode fazer isso mentalmente ou em voz alta. Ou então por escrito e reler várias vezes, para reforçar seu padrão. O seu único trabalho é o de imprimir o padrão em sua própria consciência.

6. Se a quantia multiplicada não retornar tão rapidamente quanto você imaginava depois de fazer a reivindicação da melhor forma que puder, continue a se exercitar com as afirmações de prosperidade apresentadas neste livro.

7. Dê seu presente num espírito de total confiança. Dê de cabeça erguida, feliz, impulsivamente, com sinceridade e generosidade. Ele retornará dez vezes maior na forma física equivalente dessas qualidades.

Tradição poderosa

Em seu livro, Speller apresenta muitos exemplos de pessoas ricas e famosas, como John D. Rockefeller, que compreenderam a Lei do Retorno Dez Vezes Maior e prosperaram imensamente aplicando-a. Ao que parece, durante toda a sua vida Rockefeller fez generosas contribuições a pessoas e organizações. E, como símbolo da lei em ação, manteve o hábito de dar um centavo a cada pessoa que conhecia. Muitas achavam que esse era apenas um hábito bizarro de um velho estranho, mas as mais bem-informadas sabiam que havia algo mais por trás desta atitude.

Entre as inúmeras pessoas que colocaram essa lei em ação figuram Andrew Carnegie, Julius Rosenwald e Andrew Mellon. Esses homens foram grandes filantropos que usaram sua imensa fortuna em benefício dos outros. (Para saber mais sobre os segredos do sucesso e da prosperidade dessas pessoas, leia o livro *Think and Grow Rich* de Napoleon Hill.)

Como plantar a semente de dinheiro

Mas voltemos à Lei do Retorno Dez Vezes Maior: Ao contrário do dízimo (ver seção sobre dízimo mais adiante), plantar a semente de dinheiro significa plantar dinheiro adiantado — como uma semente — e, depois, esperar confiantemente que o universo retribua com uma quantia dez vezes maior.

Com efeito, quando você planta a semente de dinheiro, está dizendo: *Abençôo meus semelhantes com esse presente e reivindico ao universo uma quantia dez vezes maior em retribuição.*

Praticar a Lei do Retorno Dez Vezes Maior é uma boa maneira de testar a sua capacidade de demonstrar. Se você realmente conhece e compreende — no fundo do coração — que vivemos num universo infinito, será fácil demonstrar o retorno multiplicado por dez. Mas, se tiver dúvidas, provavelmente não conseguirá nada.

Em suma, para demonstrar o retorno dez vezes maior, é preciso ser capaz de visualizar e aceitar por completo, sem nenhuma restrição — e sem a menor sombra de dúvida — a retribuição de qualquer quantia ofertada. Se você conseguir manter firmemente essa imagem mental, conseguirá demonstrar. (Se você duvidar, demonstrará suas dúvidas, pois sempre demonstramos aquilo em que acreditamos no fundo do coração!)

Por que não cem vezes mais?

Como a maioria das pessoas consegue imaginar um retorno multiplicado por dez, a maioria das pessoas também consegue demonstrar um retorno multiplicado por dez. Mas, talvez você se pergunte, se vivemos num universo infinito, por que não demonstrar um retorno cem ou mil vezes maior? Essa é uma boa pergunta, pois infinito é infinito, e não se pode limitar o infinito. Portanto, o problema não é o infinito — o problema somos nós!

O fato é que a maior parte das pessoas tem dificuldade de imaginar um retorno superior a dez vezes. Quase todos nós teríamos dificuldade de imaginar que estamos recebendo um retorno cem vezes maior... então, começamos a duvidar e nos perguntamos de onde virá todo esse dinheiro! É fácil imaginar e acreditar num retorno multiplicado por dez, porque tudo que estamos fazendo é acrescentando um zero à quantia de que dispusemos. A maioria de nós consegue fazer isso facilmente.

Mas a verdade é que, se você conseguir imaginar e acreditar sinceramente num retorno cem vezes maior — sem hesitar, sem a menor sombra de dúvida — não há razão para que o universo não retribua com uma quantia cem vezes maior!

Para o universo, não existem demonstrações grandes nem pequenas!

Experimente!

Se você quiser experimentar e desenvolver suas capacidades mentais, sugiro que comece reivindicando um retorno dez vezes maior de quantias modestas. É muito melhor começar com pouco e obter sucesso. Porque sucesso gera mais sucesso — e depois de obter resultados você adquirirá cada vez mais confiança nessa poderosa lei da prosperidade mental. Quando você obtiver seu retorno dez vezes maior, conhecerá e compreenderá a natureza da realidade e a natureza do seu verdadeiro eu. E quanto mais você reconhecer a natureza da realidade e o seu verdadeiro eu, mais prosperidade demonstrará!

Tudo o que você precisa fazer é começar a reivindicar o seu retorno dez vezes maior regularmente. E, muito em breve, esse será um de seus novos hábitos de prosperidade!

Portanto, seja corajoso, seja generoso e observe o seu bem se expandir! (Ver Capítulo 7, O poder de dar com alegria.)

Mas, insisto, não acredite em mim.

Veja por si mesmo!

Ou, como disse John Hoshor em "Seed Money: The Law of Tenfold Return and How It Works", do livro de *Seed Money in Action* de Jon Speller: "Dizem que 'A verda-

O poder de possuir mais dinheiro

de liberta'. A única verdade que o libertará é a verdade que você mesmo comprovar. Se você não conseguir comprovar por experiência própria — se não conseguir aplicar e demonstrar em seu cotidiano — seja o que for, verdade ou mentira, jamais será livre."

Dízimo

Dízimo é outra poderosa tradição milenar de prosperidade, que também se baseia no poder de prosperidade do número dez. Praticar o dízimo, entretanto, não é o mesmo que praticar a Lei do Retorno Dez Vezes Maior.

Ao praticar o dízimo, você devolve ao universo um décimo da quantia que já recebeu. O dízimo é dado como símbolo ou sinal de agradecimento e confiança na abundância do universo. Em outras palavras, ao contrário da Lei do Retorno Dez Vezes Maior, o dízimo é um presente que se dá *depois* que se recebe o dinheiro.

Muitos livros espirituais mencionam o poder de prosperidade do dízimo, inclusive a Bíblia. Se você ler sobre a vida de pessoas ricas e bem-sucedidas, descobrirá que muitas atribuem sua riqueza e estabilidade financeira ao hábito de contribuir a vida inteira com o dízimo.

Tradicionalmente, o dízimo é dado — sem compromisso — a uma pessoa ou organização que fornece inspiração ou orientação espiritual. Segundo diversos relatos, as pessoas que praticam o dízimo nunca têm problemas financeiros. Isso acontece porque, ao devolver, de livre e espontânea vontade, 10% da sua renda à Fonte, que tudo provê, elas estão demonstrando a sua fé na abundância do universo. E o universo sempre retribui essa confiança, porque sempre demonstramos aquilo em que acreditamos do fundo do coração.

Assim, quando praticamos o dízimo regularmente, estamos demonstrando que compreendemos a natureza do universo, a natureza da realidade. Em outras palavras, quando você pratica o dízimo, está dizendo que o universo é a fonte do seu suprimento. E está dizendo também que sabe que a sua atividade profissional — ou a atividade profissional do seu patrão, dos seus clientes ou dos seus consumidores — não é a fonte do seu suprimento. Ela é apenas o canal que transporta o seu suprimento. Mas, como o universo é infinito, os canais de suprimento podem mudar; alguns canais podem se fechar à medida que outros, canais novos e inesperados, se abrem. Mas seja qual for o caso, o seu suprimento sempre chega até você por um número ilimitado de canais, esperados e inesperados.

Como o suprimento universal é ilimitado, só você pode limitar o seu suprimento!

Supere o medo da falta

O dízimo também é uma excelente forma de superar qualquer medo de carência, limitação ou pobreza. E, na verdade, essa é uma prática altamente recomendável se você estiver passando por algum tipo de dificuldade financeira. No começo muitas pessoas têm dificuldade de compreender, mas o dízimo é uma excelente forma de mudar a sua situação financeira. Isso porque se trata de uma demonstração da sua compreensão da natureza abundante do universo — e você está sempre demonstrando o seu nível de compreensão.

Portanto, se você estiver passando por algum tipo de carência, tente praticar o dízimo (dar 10%) da sua renda atual, descontado o imposto de renda, por menor que seja a quantia. Repetindo, sendo corajoso e dando com alegria, você abrirá a porta para um novo bem em sua vida (ver Capítulo 7, O poder de dar com alegria).

E não espere, pois como Emmet Fox explica em seu artigo "The Magic of Tithing" em *Alter Your Life*: "Algumas pessoas acham que, por estarem com grandes dificuldades financeiras no momento, não podem praticar o dízimo, mas se propõem a fazê-lo assim que a situação melhorar. Está tudo errado — quanto maior a dificuldade atual, maior a necessidade de praticar o dízimo, pois sabemos que as dificuldades atuais só podem ser atribuídas à atitude mental (provavelmente inconsciente) e que a situação não poderá melhorar se não houver uma mudança de atitude mental. O verdadeiro dízimo espiritual será uma indicação de que essa atitude está mudando, e será seguido pelo desejo de demonstração. Como o dízimo se baseia em porcentagem, quanto menos se tem, menos se dá, portanto o problema se ajusta por si só."

Catherine Ponder faz uma bela afirmação sobre o dízimo em *The Dynamic Laws of Prosperity*:

Não fico mais tensa nem me esforço,
em vez disso, pratico o dízimo e prospero!

Afirmações de prosperidade

Outra maneira excelente de adquirir consciência de prosperidade consiste em focar e afirmar abundância regularmente.

Eis uma boa afirmação diária extraída do livro *Money Is God in Action* do Dr. Raymond Charles Barker. Se você ler essa afirmação em voz alta três vezes por dia, todos os dias durante 30 dias, perceberá as mudanças definitivas em sua percepção e em suas condições:

> "Dinheiro é a idéia de Deus sobre circulação. Idéia essa que aceito agora como base de todos os meus assuntos financeiros. Gosto de dinheiro. Acredito que seja uma Atividade de Deus, que é bom. Uso-o com sabedoria, gasto-o com alegria. Passo-o à frente sem medo, porque sei que, sob a Lei Divina, ele voltará às minhas mãos aumentado e multiplicado."

Aqui estão outras afirmações de prosperidade (você também pode inventar suas próprias afirmações):

> "A divina substância é a única realidade que existe. A divina substância me cura. A divina substância me faz prosperar. A divina substância estabelece ordem na minha vida e em meus assuntos financeiros neste momento." — Catherine Ponder, *Open Your Mind to Prosperity**

---

* *Abra a Mente para a Prosperidade*, publicado pela Editora Pensamento, São Paulo, 2003.

O poder de possuir mais dinheiro

Agora o universo provê ricamente.

EU SOU saudável, rico e sábio! EU SOU! EU SOU! EU SOU!

EU SOU a criança rica e radiante do universo. EU SOU! EU SOU! EU SOU!

Estou aberto a toda saúde e a toda a riqueza que o universo tem para mim agora.

"O Senhor é meu Pastor, nada me faltará."
— Salmo 23

Ganharei _____ [diga a quantia exata] este mês (ano) como retorno pelos _____ [especifique o valor exato que dará].

"Tenho um emprego maravilhoso e um salário maravilhoso. Faço um trabalho maravilhoso que desempenho maravilhosamente bem!"
— Florence Scovel Shinn, *The Wisdom of Florence Scovel Shinn*

Agradeço pelo grande aumento no meu rendimento agora.

Agradeço pelos _____ [diga a quantia que tem no momento] porque sei que é um símbolo do suprimento abundante do universo. Agradeço por receber dez vezes essa quantia ou _____ [diga o valor] agora.

Sempre tenho dinheiro suficiente para pagar todas as minhas contas, facilmente e sem nenhum esforço.

Ganhei _____ [diga a quantia exata] este mês, facilmente e sem nenhum esforço.

"Tudo e todos me fazem prosperar no momento."
— Catherine Ponder, *The Dynamic Laws of Healing*

"Todas as portas financeiras estão abertas! Todos os canais financeiros estão livres! _____ [diga a quantia] chegam às minhas mãos agora!"
— Florence Scovel Shinn, *The Game of Life and How to Play It*

Agradeço pelo suprimento abundante que inunda minha conta bancária neste momento!

Escolho uma grande abundância para mim mesmo e para toda a humanidade.

Minha vida é feliz, satisfatória e abundante — e estou ajudando outras pessoas a terem também uma vida feliz, satisfatória e abundante.

Esses são apenas alguns exemplos de afirmações poderosas que você pode fazer para adquirir a consciência de prosperidade. Como é importante imprimir no seu subconsciente esse novo padrão mental em relação a dinheiro, saúde, prosperidade e abundância, afirmações de prosperidade são uma boa maneira de conseguir isso. Lembre-se de que, para reprogramar seu subconsciente com novos hábitos mentais, é bom repetir as mesmas afirmações durante pelo menos 30 dias seguidos (ver Capítulo 4, O poder da escolha).

Ame os impostos

Quando você percebe que o universo é a fonte de todo o bem na sua vida, a sua relação com dinheiro, trabalho, renda mensal, contas, saúde e estabilidade financeira e até mesmo com os impostos muda radicalmente.

Além de parar de se preocupar, xingar ou até mesmo pensar em impostos ou contas, certa manhã vai acordar e descobrir que, de repente, os impostos não o incomodam mais! Na verdade, depois que você se acostuma, tende a esquecer completamente o assunto! O que é fantástico, pois aquilo em que você se concentra aumenta!

Quando você descobrir que parou de se preocupar com impostos e contas, perceberá também que isso aconteceu porque agora você tem a verdadeira chave da abundância nas mãos. E com essa chave verdadeira, agora você percebe, compreende e *sabe* que nada que está fora da sua própria consciência pode limitar o seu bem!

Você é a única pessoa no universo que pode limitar o seu bem.

Esse conceito é intrigante, não? Principalmente para nós que fomos criados acreditando em carência. Mas que alívio!

Isso significa que a sua situação financeira não depende de nenhuma influência externa. A sua saúde financeira não é afetada pelo volume de impostos que você paga, pelo alto custo de vida ou pelo índice de desemprego, tampouco por terceiros ou quaisquer outros fatores ou tendências econômicas. A sua saúde financeira só depende da sua própria conscientização. A princípio, pode ser difícil entender e aceitar esse conceito; mas é a pura verdade! (Para os iniciantes, o que mais poderia explicar a enorme riqueza de algumas pessoas, apesar das suas origens ou do meio em que vivem!)

Minha sugestão é a seguinte: se você quiser mudar sua situação financeira, leia e releia as idéias apresentadas neste livro várias vezes. Reflita sobre elas. Dê tempo a si mesmo para absorvê-las e digeri-las. E, depois, observe o que acontece quando você começa a compreender, aceitar e praticar esses conceitos...

O poder da gratidão

Outro segredo importantíssimo de prosperidade é a gratidão! Quando você agradece — sinceramente — por toda a abundância que já desfruta, a sua gratidão atua como um ímã e atrai ainda mais bem para a sua vida.

Portanto, pense em todo o bem que você já tem em sua vida: o dinheiro que já possui, os amigos, a boa saúde, a bela natureza à sua volta, seu trabalho, seus sonhos, sua casa, a comida na mesa, as roupas que está vestindo, os livros, os pertences pessoais, sua família, o país próspero em que você vive, os desafios fascinantes que enfrenta, todas as oportunidades que tem nesse momento.

Quando você começa a pensar em todo o bem que já tem, não pára mais. Mas é importante fixar o pensamento nas coisas boas que a vida lhe proporcionou, porque o fato de focalizar e agradecer por tudo isso abrirá o seu coração para uma abundância ainda maior!

> Finalmente, irmãos, tudo o que é verdadeiro, tudo o que é respeitável, tudo o que é justo, tudo o que é puro, tudo o que é amável, tudo o que é de boa fama, se alguma virtude há e se algum louvor existe, seja isso o que ocupe o vosso pensamento. (Filipenses 4:8)

Capítulo 10

O poder dos objetivos claros

Aqui está uma boa forma de atingir seus objetivos:

Primeira etapa: faça uma lista de objetivos

Faça uma lista de seus objetivos e suas intenções.

Lembre-se de que para obter qualquer coisa *o pensamento precisa vir primeiro*.

Se você não for capaz de determinar ou formular com clareza seu objetivo, provavelmente nunca o alcançará.

Exercite-se fazendo listas. Aperfeiçoe suas listas. Anote seus objetivos para a próxima semana, para o próximo mês, para o próximo ano. Aprenda a pensar com clareza.

Segunda etapa: focalize

Escolha os objetivos que deseja priorizar neste exato momento.

Não escolha muitos objetivos de uma vez.

Para este exercício, sugiro que não escolha mais que dois ou três. Na verdade, é melhor escolher um objetivo por vez.

Concentre-se. Lembre-se do poder de focalizar (ver *Fast Food para a Alma*, Capítulo 8).

Não se esqueça de descrever seus objetivos da maneira mais clara possível antes de começar o exercício.

Terceira etapa: relaxe

Relaxe.

Relaxe profundamente.

Use a técnica de relaxamento ou meditação que preferir.

Entre em alfa (ver *Fast Food para a Alma*, Capítulo 7, O poder de alfa, ou faça o exercício de relaxamento "The Well of Deep Peace" apresentado no meu CD *3 Guided Meditation*).

Respire fundo.

Relaxe.

Curta esse estado de relaxamento durante alguns minutos sem se concentrar em nada em particular. Não retenha os pensamentos que passarem por sua mente. Apenas observe-os, como numa tela de cinema.

Quarta etapa: visualize

Agora reveja mentalmente dois ou três objetivos ou intenções de sua lista.

Mentalize com a maior clareza possível cada objetivo, cada situação, cada feito ou o que você quiser manifestar em sua vida. Visualize em detalhes. Veja. Sinta. Curta. No presente do indicativo. Neste momento. Com a maior riqueza possível de detalhes (ver *Fast Food para a Alma*, Capítulo 6, O poder da visualização). Faça isso durante alguns minutos.

Quinta etapa: agradeça

Agora exulte e agradeça.

Curta a sensação de realização e satisfação que a manifestação desses objetivos representará em sua vida. Agradeça como se eles já tivessem se manifestado.

Curta essa sensação. Respire fundo mais algumas vezes e, depois, lentamente estenda os braços, abra os olhos e retome suas atividades cotidianas.

Mantenha o foco

Para obter melhores resultados, faça esse exercício uma ou duas vezes por dia, todos os dias, durante cinco a dez minutos. E não mude seus objetivos ou intenções com muita freqüência. É melhor se concentrar numa intenção até ela se manifestar. Ou até que tenha se exercitado o suficiente. Então, deixe-a de lado por algum tempo.

Depois que pegar o jeito, provavelmente você vai querer fazer esse exercício pelo menos uma vez por dia, todos os dias, pelo resto da vida. Não apenas porque funciona, mas também porque o ajuda a esclarecer onde você está no momento presente — e para onde está se dirigindo.

Obviamente, seus objetivos e suas intenções mudam à medida que você cresce e também muda. Apenas lembre-se:

Pense com clareza!

Pense positivo!

Capítulo 11

O poder da paz profunda

O segredo
  por trás
  da atividade dinâmica
  é a paz profunda

Paz profunda
  e
  atividade dinâmica
  são os dois pólos
  de uma vida bem-sucedida

No poço da paz profunda, você encontrará seu verdadeiro eu.

O segredo

Paz profunda e atividade dinâmica são os dois pólos em torno dos quais gira a vida de pessoas bem-sucedidas.

Sei que você conhece muitas pessoas aparentemente bem-sucedidas que parecem viver num turbilhão de atividade incessante... mas quanto tempo isso dura? Ou, em outras palavras, quanto tempo essas pessoas vivem? Infelizmente, muitas morrem de infarto ou sofrem todos os tipos de doenças e problemas desagradáveis relacionados ao stress. Por quê? Porque elas não aprenderam o segredo do equilíbrio — o segredo da paz profunda. Ainda não aprenderam que a paz profunda é a verdadeira fonte e o segredo que está por trás da atividade genuinamente dinâmica, focada, objetiva — e sistematicamente bem-sucedida.

Paz profunda

O que quero dizer com "paz profunda"?

Paz profunda, na realidade, é a natureza do universo. Por trás da ação constante e magnífica da criação, antes que o não-manifesto se torne manifesto, existe essa paz profunda de que falei (ver Capítulo 3, O poder do universo).

E, uma vez que nós, humildes seres humanos que somos, entramos em contato com essa paz profunda, não apenas percebemos a nossa verdadeira natureza como também todas as nossas atividades se tornam mais impregnadas de poder que jamais sonhamos.

Como encontrar (entrar em contato) com a paz profunda

Talvez você esteja pensando que tudo isso parece muito bom, mas como vamos descobrir esse estado de paz profunda? Na verdade, existem muitas maneiras. Aqui estão algumas:

- Meditação
- Silêncio
- Contemplação da natureza
- Imparcialidade
- Oração
- Meditação sonora

O objetivo de todas essas práticas ou técnicas é silenciar o seu diálogo interior. Se você ainda não sabe, depois que experimentar qualquer uma dessas técnicas, ficará imediatamente consciente da turbulência, do bate-papo incessante que se passa na sua cabeça. Para muitas pessoas, essa descoberta é uma grande surpresa. Quando tentam sentar-se em silêncio, são dominadas por um fluxo constante de pensamentos, idéias, imagens e burburinho interior. Como é possível silenciar a mente e experimentar a sensação de paz profunda?

Em primeiro lugar, todas essas técnicas exigem prática. Mas crie coragem, quanto mais você praticar, mais fácil será. E, muito em breve, você entrará rapidamente em contato com essa paz profunda que lhe dará uma força e visão que você jamais imaginava que tinha.

Meditação

Meditar é uma excelente maneira de sentir a paz profunda. E como existem diversas técnicas e formas de meditação, não há razão para complicar as coisas nem tornar a meditação esotérica. Escolha uma técnica que atenda suas necessidades. E, se você for como eu e gostar de *fast food* para a alma, eis aqui duas técnicas simples de meditação que são bastante eficazes (ou faça o exercício de relaxamento "The Well of Deep Peace" do meu CD *3 Guided Meditations*). Para começar, sente-se confortavelmente. (Se quiser, pode se deitar, mas é muito mais fácil adormecer nessa posição.) Feche os olhos, respire fundo e relaxe.

Meditação sonora

Uma boa forma de silenciar a mente é por meio da meditação sonora (meditar sobre uma palavra ou um som). Existem muitos mantras ou sons sagrados que podem ser usados. O som OM é excelente para se começar. Depois que estiver confortavelmente sentado, inspire e, à medida que expirar, diga OOOMMMMM em voz alta. Deixe que o som vibre por todo o seu corpo e sua consciência. Depois que emitir esse som em voz alta algumas vezes, pode continuar a repeti-lo mentalmente. Em seguida, sinta o silêncio e a paz profunda. Comece meditando durante alguns poucos minutos por dia e aumente para quinze minutos. Faça essa meditação duas vezes por dia, se puder.

Em vez de OM, você também pode usar as palavras "paz profunda". Outra vez, relaxe, respire e diga "paz" ao inspirar e "profunda" ao expirar. Repita algumas vezes em voz alta e continue mentalmente. Depois pare e sinta o silêncio. Você pode escolher outras palavras ou sons sagrados.... qualquer coisa que desencadeie um estado de paz profunda serve.

Meditação cardíaca (amor)

Outra excelente maneira de meditar é se concentrar na área do coração. Sente-se confortavelmente, respire fundo e imagine que seu coração está se enchendo de luz e amor. Em seguida, veja seu coração se abrindo, de modo que essa luz e esse amor fluam para todas as partes do seu corpo, inundando cada célula, tocando cada canto do seu ser. À medida que a sensação aumentar, você sentirá a luz e o amor se espalhando em círculos cada vez maiores. Visualize e sinta a luz e o amor se irradiando para toda a sua família, seus amigos, seus relacionamentos e seus semelhantes — em todo o mundo.

O portão dourado

Para inspirá-lo a experimentar essa meditação de amor, eis uma de minhas passagens preferidas do livro *Power through Constructive Thinking* de Emmet Fox, do capítulo intitulado "The Golden Gate".

> Não há dificuldade que o amor não vença; não há doença que o amor não cure; não há porta que o amor não abra; não há golfo que o amor não ligue; não há parede que o amor não derrube; não há pecado que o amor não redima.
> Não importa o quanto o problema esteja arraigado, as perspectivas sejam desalentadoras ou a

situação esteja caótica, tampouco a magnitude do erro; uma percepção suficiente de amor tudo dissolverá. Se ao menos você pudesse amar o bastante, seria o ser humano mais feliz e mais poderoso do mundo.

A paz profunda cura a doença

Sentir a paz profunda diariamente é uma boa forma de se curar de desconfortos e doenças. Porque, na verdade, quando você pensa no local do seu corpo que está doendo ou provocando desconforto (por exemplo, a dor de garganta, a dor de estômago), essa é apenas uma pequena ilha de desconforto num imenso oceano de conforto (que é todo o seu corpo). Em outras palavras, em relação a quem você realmente é (e não se esqueça de que a sua verdadeira natureza é universal), a sua dor não passa de uma ilha num mar de conforto. Como explica Deepak Chopra em seu livro *Quantum Healing*: "Em comparação com qualquer doença, a nossa consciência saudável é tão imensa quanto um oceano."

Portanto, se você estiver sentindo dor ou desconforto em qualquer parte do corpo, pode expandir sua meditação de paz profunda para visualizar um oceano de paz profunda, um oceano de paz e conforto, cercando, inundando, dominando, afogando e dissolvendo a ilha de desconforto que está porventura sentindo. Apenas veja e sinta a ilha ser varrida pelo oceano avassalador de paz profunda e conforto que é o seu verdadeiro eu.

Silêncio e natureza

Outra boa maneira de entrar em contato e sentir paz profunda consiste em exercitar o silêncio. E a combinação de silêncio e natureza é sempre um trabalhador milagroso.

Isso porque quando estamos junto à natureza, sobretudo em lugares onde outras pessoas raramente vão, nós nos retiramos da consciência coletiva. Ficamos longe do bate-papo incessante que ocorre em todas as mentes de todas as outras pessoas de toda a raça humana. Obviamente, é bom ficar em silêncio em nossa própria casa, principalmente quando todos saíram, mas muitas vezes existem muitas distrações em casa. Outro aspecto em relação a estar junto à natureza é que a maioria das pessoas pode sentir ou entrar em contato mais facilmente com a Força quando não são distraídas pela consciência de outras pessoas.

Há lugares fantásticos no planeta onde a energia ou Força é especialmente forte. Não deixe de ir a esses locais (ver *Fast Food para a Alma*, Capítulo 14, O poder da natureza). Pontos de poder são bons lugares para praticar o silêncio e sentir a paz profunda. Pontos de poder são atalhos genuínos para entrar em contato com o seu verdadeiro eu, que é a paz profunda.

Capítulo 12

O poder da alegria e do riso

Exaltação é um ímã para todo o bem.
Exaltação é um ímã para todo o bem.
Exaltação é um ímã para todo o bem.
Exaltação é um ímã para todo o bem.
Exaltação é um ímã para todo o bem.
Uma vez que você tenha metabolizado esse conceito, uma vez que o seu subconsciente o tenha assimilado, você não precisará de mais nada.

Alegria e exaltação (entusiasmo, animação, êxtase, arrebatamento, contentamento) são estados de espírito que atraem coisas boas no universo.

Se não acredita em mim, tente fazer o seguinte: registre mentalmente sempre que acontecer coisas boas na sua vida, e você descobrirá que nessas ocasiões você está num excelente estado de espírito. E coisas extraordinárias acontecem quando se está alegre — ou apaixonado.

Se ainda assim não acredita em mim.... simplesmente observe quando o telefone tocar, se você for um iniciante.

Não existem coincidências. Quando você está deprimido, sempre recebe telefonemas de pessoas que ficam se lamuriando. Mas, assim que seu humor volta ao normal, você recebe telefonemas alegres transmitindo boas notícias.

Por que isso acontece?

Porque os semelhantes se atraem, e a vida é um jogo mental.

Se você realmente conseguir entender isso, compreenderá por que a exaltação é um ímã para todo o bem. Como os semelhantes se atraem, a sua situação atual sempre reflete o seu estado de espírito atual.

Fique sempre alerta

Isso simplifica tudo. Significa que para desfrutar uma vida maravilhosa, para obter sucesso em qualquer coisa que fizer, seja lavar vidraças, vender pasta de dentes, escrever uma peça publicitária ou administrar uma megaempresa, tudo o que você precisa fazer é ficar sempre alerta. Ou seja, manter um nível elevado de energia mental.

E, como eu disse, um alto grau de energia mental abrange estados de espírito caracterizados por exaltação, louvor e gratidão, e todos os outros que mencionei, como alegria e riso... e, obviamente, amor e amabilidade, solidariedade, encantamento e felicidade. Em suma: todos os sentimentos e emoções maravilhosos que alegram a vida.

Comparado com manter um nível elevado de energia mental, tudo o mais é de menor importância.

Lei da substituição

A grande Lei da Substituição pode ajudá-lo a manter um nível elevado de energia mental.

Como é você quem faz as escolhas em sua vida (ver Capítulo 4, O poder da escolha), sempre que se surpreender com pensamentos que baixam seu nível de energia (por exemplo, pensamentos tristes, críticos, irados, negativos, depressivos ou temerosos), substitua-os imediatamente por pensamentos positivos (ver "Dieta mental dos sete dias" no Capítulo 4).

O que faz com que a Lei da Substituição funcione é o fato de ser impossível dizer a si mesmo para parar de ter pensamentos negativos. É simplesmente impossível. Isso porque não é assim que a mente funciona. A mente sempre tem de ter alguma coisa para remoer. E se você disser para si mesmo: "Não quero ter esses pensamentos negativos" — por exemplo, "Não quero pensar no quanto estou furioso com Susan" — na verdade o que estará fazendo é pensando ainda mais no quanto está furioso com Susan. Portanto, ao dizer para si mesmo: "Não quero pensar nesse assunto" você apenas amplia (concentra mais energia) seu estado mental negativo.

A única forma de se livrar dos pensamentos negativos sobre Susan (ou outro problema qualquer) é pensar em outra coisa, algo totalmente diferente. Isso significa que assim que você se surpreender com pensamentos negativos, deve substituir esses pensamentos o mais rápido possível. Em outras palavras, substitua um pensamento negativo por outro o mais rápido que puder.

Faça o que for preciso!

Pense no quanto se divertiu na praia com sua tia Mathilde quando tinha sete anos de idade. Pense no quanto ficará bonita com o vestido novo que comprará amanhã. Assista ao seu seriado preferido na TV, leia um livro que enaltece, leia J. R. R. Tolkien, telefone para uma amiga que pode levantar a sua moral — mas faça qualquer coisa para substituir um pensamento negativo que o está aborrecendo por uma imagem mental positiva, luminosa, feliz.

Se o seu estado de espírito estiver realmente negativo e você estiver com dificuldade de substituir pensamentos negativos por positivos, seja ativo. Faça uma longa corrida, vá dançar, andar de bicicleta ou nadar no mar gelado. Em suma, faça tudo o que for preciso para relaxar, esquecer e desviar o pensamento daquilo que está minando a sua energia.

Trata-se de uma lavagem cerebral?

Algumas pessoas me perguntam se isso não é uma lavagem cerebral.

Minha resposta é: É claro que é!

E também digo: Se você não controlar sua mente, se não fizer as escolhas na sua vida, alguém mais certamente o fará.

O nosso subconsciente está sempre captando mensagens, sendo programado todo o tempo, a cada minuto do dia — e isso é assim desde o momento em que nascemos.

Todos nós fomos submetidos a uma lavagem cerebral (fomos programados) por nossos pais, por nossas famílias, pela sociedade, pelas escolas que freqüentamos, pelos cole-

O poder da alegria e do riso

gas, pela mídia, pela televisão. Não existe ninguém no planeta hoje em dia que não tenha sido submetido a grandes lavagens cerebrais. E só porque a sociedade chama de "educação", isso não significa que não seja lavagem cerebral.

Portanto, acho que se alguém vai lavar o meu cérebro, é melhor que seja eu mesma!

Capítulo 13

O poder do abraço mental

Todos nós sabemos como é bom abraçar e ser abraçado.

Um bom e grande abraço — o tipo que se dá com os braços abertos e o coração repleto de afeto e amor — faz qualquer um se sentir bem!

Quando você abraça alguém, essa pessoa floresce e prospera. Quando alguém o abraça, você floresce e prospera. Quando você abraça seus amigos, eles florescem e prosperam. Quando você abraça a pessoa que ama, ela floresce e prospera. Quando abraça pessoas que não conhece tão bem, muitas vezes elas se tornam suas amigas. Quando você abraça uma pessoa que lhe causa problemas, muitas vezes ela se torna sua amiga.

Técnica do abraço supremo de Barbara Berger

Eu descobri que podemos aprimorar o nosso abraço. Que podemos abraçar melhor e melhorar a qualidade da nossa vida e dos nossos relacionamentos abraçando mais!

Aqui está a minha Técnica do Abraço Supremo:

1. Fique na distância certa da pessoa que você vai abraçar. Nem muito perto, nem muito longe!
2. Olhe bem nos olhos dela.
3. Incline a cabeça para um lado (isso é muito importante).
4. Sorria afetuosamente, de coração.
5. Abra bem os braços.
6. Com a cabeça inclinada e os braços bem abertos, dê um passo à frente...
7. E, então, abrace!

Depois que tiver dominado a técnica, você poderá florear um pouco e balançar o corpo para a frente e para trás durante o abraço...!

Técnica do abraço mental de Barbara Berger

Eu descobri também que podemos abraçar pessoas quando não estamos com elas, abraçando-as mentalmente.

Na verdade, esbarrei nessa técnica de forma bastante acidental. Eu estava analisando mentalmente uma situação que me incomodava. Estava pensando numa pessoa que estava me causando aborrecimento e tentava visualizar como poderia trazer paz e harmonia ao nosso relacionamento.

Eu me visualizei mentalmente abraçando essa pessoa. Realizei toda a Técnica do Abraço Supremo, olhando a pessoa nos olhos, inclinando a cabeça para o lado, sorrindo, abrindo os braços e a abraçando. Para minha grande surpresa, além de me sentir instantaneamente melhor (Eu pude sentir que, de alguma forma, havia aberto um fluxo de amor e compreensão entre nós), da próxima vez que nos encontramos a nossa relação tinha melhorado e estava muito mais harmoniosa.

Desde então, exercito sempre o abraço mental (ver *Fast Food para a Alma*, Capítulo 6, O poder da visualização). Uso essa técnica de visualização do abraço mental tanto para abençoar de longe as pessoas que amo como para melhorar o meu relacionamento com as pessoas com quem tenho problema.

Abrace sem limites

Outro aspecto fantástico do abraço mental é que você pode abraçar pessoas que normalmente não abraçaria na vida real, ou porque seria impróprio (como abraçar pessoas que conheceu num encontro de negócios ou numa recepção — ou o gerente do banco!) ou porque se trata de alguém que você tem dificuldade de se comunicar.

Se houver algum tipo de tensão ou desentendimento entre você e outra pessoa qualquer, sugiro que tente dar *nessa pessoa, em qualquer lugar, a qualquer hora*, um grande abraço mental. O abraço mental vai ajudá-lo a contornar a situação, a amolecer o seu coração e a promover harmonia. Tudo o que você tem a fazer é dar um abraço mental autêntico e caloroso quando estiver sozinho e relaxado. Feche os olhos e visualize-se abraçando a pessoa. Repita o exercício até que a situação melhore.

Esse tipo de visualização tem a mesma capacidade de promover harmonia nos relacionamentos que a técnica de escrever ao Eu Superior que descrevi em *Fast Food para a*

Alma, Capítulo 17, O poder do elogio e da bênção. Os problemas do plano exterior muitas vezes se dissolvem de forma fácil e pacífica quando trabalhamos com amor no plano interior.

Saudação ao divino

O abraço mental, obviamente, é uma boa maneira de abençoar outras pessoas. Quando nos concentramos no que as pessoas têm de melhor, a nossa relação cresce e prospera (ver *Fast Food para a Alma*, Capítulo 17).

Quando damos amor, recebemos amor em retribuição.

Quando damos afeto e alegria, recebemos afeto e alegria em retribuição.

Eis aqui outra boa técnica que encontrei no livro *Illuminata* de Marianne Williamson. Ela escreveu: "Olhe à sua volta quando estiver em algum lugar público ou com amigos queridos. Olhe no rosto das pessoas e diga mentalmente: "A luz de Deus em mim saúda a luz de Deus em vocês." Faça isso por cinco minutos, no mínimo. Eu o desafio a fazer isso todos os dias durante pelo menos cinco minutos e *não* ser feliz".

Capítulo 14·

O poder do tratamento

Tratamento é uma atividade definida e específica da mente que cura doenças, transforma situações e vence dificuldades. Tratamento é um movimento da mente que tem início e fim definidos.

Tratar é conhecer a
verdade sobre a natureza da realidade.

Quando você faz um "tratamento", a sua meta é atingir um ponto em que conhece ou percebe a realidade sobre a doença, situação, dificuldade ou problema que está tratando. Para tratar com sucesso, é essencial ter fé total no poder de tratar.

O que é tratamento?

Tratamento, como eu disse, é um movimento específico da mente. Trata-se de uma forma de atividade mental diferente de meditação, cujo objetivo normalmente é aquietar a mente ultrapassando a barreira da atividade mental e dirigir-se a um lugar além das palavras ou pensamento.

Tratamento é um processo mental ativo que envolve linhas definidas de raciocínio em que você dirige seus pensamentos para a verdade de forma consciente.

Uma tradição antiga

Tratamento não é algo que inventei. O tratamento mental é descrito com detalhes na literatura e nos ensinamentos metafísicos orientais e ocidentais. A Bíblia nos conta como Jesus curou o doente e manifestou os pães e os peixes "tratando", ou seja, ela nos oferece longas descrições sobre a natureza da realidade. Descrições sistemáticas mais modernas de tratamento podem ser encontradas em livros escritos por metafísicos ocidentais, como Emmet Fox e professores da Ciência da Mente, como Ernest Holmes e Emma Curtis Hopkins. Em seus livros, essas pessoas fazem descrições interessantes dos resultados alcançados com o tratamento mental.

A verdade

A verdade acerca da natureza da realidade é que a vida UNA que está por trás da criação significa vida ilimitada, amor ilimitado e inteligência ilimitada — em resumo, a natureza da realidade é boa (ver explicação desse conceito no próximo capítulo).

Os problemas e as dificuldades surgem quando não estamos pensando nem vivendo em harmonia com a natureza da realidade — em outras palavras, quando nossos pen-

O poder do tratamento

samentos são incorretos ou limitadores e impedem a expressão completa da vida UNA em nossa vida.

O pensamento, como sabemos, é o fator causal do universo. É por isso que quando os nossos pensamentos são limitadores, nossas experiências também são limitadas.

O mecanismo, como você sabe, é:

O pensamento é a chave do destino.

Isso significa que tudo o que você precisa fazer para resolver a situação, seja qual for o problema, é controlar seus pensamentos. O tratamento é uma forma de pensamento disciplinado em que você desvia o olhar do problema e concentra a atenção na verdade sobre a natureza da realidade.

Esqueça o seu problema!

Ao fazer isso, ao desviar o olhar do problema e se concentrar na natureza da realidade, coisas surpreendentes acontecem. A força da vida UNA ou o Grande Poder Criador do Universo cuida dos detalhes e o seu problema desaparece (ver Capítulo 3).

Isso acontece porque a natureza da realidade é vida, amor e inteligência. Em outras palavras: A natureza do universo é *boa*. Assim, ao liberar seus pensamentos limitadores sobre a vida para que eles deixem de bloquear o fluxo da vida, a vida UNA ou o Grande Poder Criador do Universo fica livre para trabalhar para você e por meio de você.

O tratamento transforma

Como se vê, o tratamento realmente muda as coisas. Isso significa que você pode mudar sua vida mudando seus pensamentos sobre qualquer dificuldade que enfrentar. Como vivemos num universo mental, as condições externas refletem os nossos pensamentos e crenças atuais sobre a natureza da realidade (Ver explicação detalhada em meu livro *Mental Technology*).

Assim, quando você se detém em um problema ou doença, falta de provisões ou qualquer outra dificuldade, seu problema, sua doença ou falta aumentará ainda mais. Quando você desvia a atenção do problema, ele desaparece por falta de atenção.

É por isso que o tratamento consiste de declaração, afirmação, visualização e conhecimento da verdade sobre determinada situação até que ela se manifeste no mundo exterior. Em outras palavras, você afirma, visualiza e conhece a verdade acerca da natureza da realidade, mesmo que ela não "pareça" ser assim no mundo exterior no momento do tratamento.

Quando você realmente compreender a natureza da realidade e vir a Força UNA da Vida Eterna e Infinita brilhando de forma reluzente onde quer que a doença ou problema pareça estar... quando você realmente vir o Divino no lugar, na pessoa ou na situação em que o chamado "problema" existe... então, e só então, as condições exteriores mudarão. Em outras palavras, sua "manifestação" surgirá, e você verá e vivenciará o mundo externo que imaginou, acreditou e vivenciou no plano interno.

Você sempre manifesta o que acredita.

Como tratar

Você pode se tratar quando estiver sozinho, ou pode tratar outras pessoas, estando elas presentes ou não.

Vamos começar tratando você.

Tratando-se a si próprio

Procure um local onde você possa ficar sozinho e onde ninguém o perturbe. Um tratamento pode levar de cinco a 20 minutos. Você saberá o momento certo de concluí-lo quando tiver uma sensação de paz à medida que a sua percepção mergulha na mente subconsciente.

Antes de começar, pense no que vai tratar. Pode ser uma situação, um problema ou várias coisas.

Vamos tomar um exemplo. Você tem se sentido cansado ultimamente, portanto quer se tratar para ter boa saúde, vigor e vitalidade.

1. Comece com o universo

Agora que você já decidiu o que quer tratar, está pronto para começar. Sente-se numa posição confortável. Feche os olhos. Relaxe e inspire profundamente.

Comece o tratamento concentrando a atenção na vida UNA, que é a fonte e a substância de toda a criação. Imagine que a vida UNA cria, anima e sustenta todas as coisas, e que essa vida UNA é boa (ver explicação no Capítulo 15).

Em seguida, dedique alguns minutos observando aspectos do UNO como vida, amor e inteligência. Comece, por exemplo, com a vida — vivendo-a — e diga para si próprio que há apenas UMA vida ou UMA força por trás de toda a criação, e que todos fazemos parte dessa vida UNA. E que essa vida UNA é a sua vida. Pense em como essa vida ou força UNA deram vida a você. E pense em como essa mesma vida ou força UNA deu vida a todas as pessoas, animais e plantas e a todo o universo. Sinta como essa vida, que é a essência do seu ser, flui em você agora.

Depois pense no amor, no Amor Divino que permeia toda a criação. Pense em alguns aspectos que você associa com Amor Divino — apoio incondicional, conforto incondicional, compreensão incondicional, proteção ilimitada. Que ele é a própria doação ilimitada de vida. Depois veja como esse Amor Infinito flui através de tudo e de todos. Por meio de você, da sua vida, do seu corpo, do seu dia-a-dia, dos seus amigos, da sua família, dos seus vizinhos, de todos os seres humanos e de toda a criação. Pense que toda a criação e tudo o que vivenciamos é uma dádiva do universo para nós. E que essa dádiva de vida é, na verdade, o que o amor Divino é.

Agora pense na imensa e surpreendente inteligência cósmica que está por trás da criação e como ela dirige, coordena, guia e organiza toda a vida e a criatividade infinita da qual todos nós somos parte. Perceba que essa inteligência funciona dentro e por meio de você e, de fato, é isso que você é. (Para mais inspiração, ver Capítulo 3, O poder do universo.)

2. Relaxe

Faça isso bem relaxado. Não force nada, simplesmente mergulhe na natureza da realidade por um momento e deixe algumas dessas idéias permearem o seu ser. Depois de passar alguns minutos fazendo isso, quando se sentir relaxado, afirme que a força da vida UNA ou o Grande Poder Criador do Universo agora está atuando dentro e por meio de você.

Sinta como essa força de vida UNA todo-poderosa que criou toda a criação está lhe dando vida e animando e vitalizando cada célula, músculo e órgão do seu corpo físico. Deixe sua mente reconhecer a força e a vitalidade do universo manifesto. Você pode formar imagens de cavalos galopando pelos campos, de crianças gargalhando e brincando, da água das Cataratas do Niágara, ou de estrelas rodopiando pela vastidão do espaço. Fixe-se por alguns momentos em imagens que dão a sensação de força e vitalidade. Depois, sinta que essa mesma força, essa mesma Força Onipotente de Vida, também está atuando em você. Sinta essa força — a força UNA por trás da criação. E saiba que ela está surgindo por intermédio de você exatamente agora. Sinta como cada célula e átomo do seu ser vibra com saúde e força. Permita-se desfrutar dessa sensação maravilhosa de saúde e vitalidade. Veja-se radiante e forte agora. Depois agradeça por saber que agora você sabe que saúde, força e vitalidade são a sua verdadeira natureza.

3. Nenhuma dúvida, apenas muita gratidão

Ao terminar o tratamento, você pode dizer em silêncio, mentalmente ou em voz alta: Agradeço o fato de o Grande Poder Criador do Universo — a vida UNA — estar trabalhando em mim agora, trazendo-me vida, força e vitalidade. Agradeço pela saúde perfeita.

Então, esqueça tudo sobre o assunto até o dia seguinte. E não duvide, pelo contrário, tenha fé de que o seu tratamento está funcionando. Em outras palavras, desprenda-se do assunto e libere o seu tratamento ao Grande Poder Criador do Universo com a absoluta certeza de que o universo cuidará dos detalhes.

4. Repita o tratamento

É uma boa idéia, principalmente se você for iniciante em tudo isso, repetir o tratamento (o mesmo tratamento) todos os dias durante 30 dias. E não conte a ninguém sobre o que você está fazendo, pois isso dissipa o seu poder.

Simplesmente faça-o. Em outras palavras, conheça a verdade, confie e tenha fé — depois esqueça tudo acerca do seu tratamento. É importante também não pensar no problema quando ele não estiver sendo tratado. Se os problemas invadirem a sua mente, mude o pensamento imediatamente para algo positivo e feliz (ver "Lei da substituição" no Capítulo 12).

Em outras palavras, durante o dia, não pense nos problemas que você está tratando. Toda vez que o pensamento pular na sua mente, pense imediatamente na verdade, isto é, na natureza da realidade (ver "Dieta Mental dos Sete Dias" no Capítulo 4). Entre em contato com a grande visão da vida, da sua vida e do universo. Em seguida, continue com suas atividades cotidianas.

O poder do tratamento

O universo cuidará do *como*. Não perca tempo pensando nos detalhes. (Se você fizer isso, estará dissipando a força do seu tratamento limitando o número infinito de maneiras pelas quais o universo pode resolver as coisas a seu favor.)

Portanto, trate o problema e solte-o. Se você fizer isso do fundo do coração todos os dias durante 30 dias, garanto que ficará surpreso com o que acontecerá.

Tratando com outras pessoas

Uma das formas mais poderosas de tratamento é o tratamento em conjunto com outras pessoas. Quando o tratamento for em grupo, é bom que haja um líder. Alguém que possa *falar* para todo o grupo em voz alta. (O tratamento para si próprio é feito em silêncio, falando-se tudo mentalmente). Em um grupo, o líder fala e todos repetem.

Grupos pequenos

Se você estiver fazendo o tratamento em um grupo pequeno (de três a dez pessoas), antes de iniciá-lo, precisa perguntar a cada um o que quer tratar. Obviamente, você só pode perguntar a cada um se o grupo for pequeno. Depois que todos tiverem decidido o que querem tratar, estarão prontos para começar.

Vamos tomar um exemplo concreto. Em um grupo de quatro, John é o líder.

John quer tratar a inspiração para um artigo que está escrevendo, Mary quer tratar sua dor de garganta, Joe quer tratar a tensão com o seu chefe e Susan quer tratar o relacionamento com o marido. Após a especificação dos tratamentos, todos devem pedir a manifestação da Divina Inteligência em suas vidas.

1. Boas-vindas ao Grande Poder Criador

Depois de falarem o que querem tratar, todos devem se sentar confortavelmente em suas cadeiras, relaxar, fechar os olhos e inspirar profundamente. Então, John começa falando...

Este tratamento é para Mary, Joe, Susan e John. (Todos repetem.) *As palavras que falo são para Mary, Joe, Susan e John. Sei que as minhas palavras vão para a Grande Mente Universal... e não retornam para nós vazias... mas conquistam as coisas das quais falo.* (Todos repetem.) *Dou as boas-vindas ao Grande Poder Universal... o Grande Poder Criador do Universo... a vida UNA... e agradeço... por todas as bênçãos... em minha vida...*

Agora concentro a atenção na... vida UNA, que é perfeita, inteira e completa... Sinto que essa vida está animando e sustentando a todos nós... Sinto que essa vida UNA perfeita é o princípio imutável do bem perfeito... e sei que essa vida UNA perfeita está fazendo um trabalho perfeito em mim...

John pode falar alguma coisa que surja em sua mente ao pensar na vida UNA ou na força de Deus que permeia todas as coisas da existência. Ele pode continuar até sentir que clareou seus pensamentos relativos à natureza da realidade.

2. Fale sobre cada um

Quando todos do grupo estiverem relaxados e uma sensação de harmonia tiver invadido toda a sala, John falará sobre cada pessoa. Ele começará dizendo...

Agora, eu vejo a vida UNA trabalhando em Mary. (Todos repetem, exceto Mary que diz: *"trabalhando em mim"*)... *Eu vejo essa vida UNA animando Mary e cada célula do seu corpo com perfeita vitalidade e inteligência ... Vejo Mary cheia de saúde... e vitalidade... A garganta de Mary está forte... e saudável... cada célula... da garganta de Mary... está radiante e saudável... A garganta de Mary é a mais saudável das gargantas... uma garganta forte, robusta e feliz.* (Quando John sentir que já falou o bastante e que todos já estão sentindo a força da vida UNA trabalhando em Mary, termina dizendo:) *Falei agora ... para a vida e a saúde de Mary... e esse é um Tratamento Divino... uma Atividade Divina... que não pode falhar... E assim é.*

Depois, John passa para a próxima pessoa. Nesse caso, é o problema de Joe com o chefe. Da mesma maneira, John fala sobre Joe, declarando e visualizando para Joe e o grupo a maneira como a vida UNA, que é paz e harmonia, está estabelecendo perfeita paz entre Joe e seu chefe. Depois fala sobre a harmonia no relacionamento de Susan com o marido. Novamente, ele descreverá o amor e a harmonia da vida UNA até que a realização do amor e da harmonia do relacionamento de Susan esteja firmemente estabelecida na consciência de todos.

Quando chegar o momento de falar sobre John, outra pessoa do grupo assumirá o comando do tratamento para que ele obtenha inspiração para um artigo que está escrevendo.

Por fim, quando todos os problemas específicos tiverem sido tratados, John assumirá o comando novamente e fará o tratamento com a Divina Inteligência, que todos pediram no início desta sessão. John encerra o tratamento, tratando o mundo todo.

Para concluir o tratamento, John poderia dizer algo assim: *Falo agora ... (Todos repetem)... para o mundo todo... Eu vejo a força UNA trabalhando em cada homem, mulher e criança da Terra... Eu vejo todas as pessoas... em todos os lugares... a expressão dessa vida UNA... vivendo em paz... e harmonia... vemos todas as pessoas... todos os lugares... cheios de vida, saúde, felicidade... prosperidade... amor... Eu vejo o bem surgindo agora. E assim como eu vejo, assim é.*

Grupos maiores

Se você estiver fazendo o tratamento em um grupo maior, não é possível mencionar o pedido ou problema específico de cada um. Temos aqui duas maneiras de tratar:

Método Um: O grupo inteiro pode tratar pedindo demonstrações específicas como Saúde, Inteligência Divina, Paz Profunda, Amor, Prosperidade — qualquer coisa que o grupo decida.

Método Dois: Todos os integrantes do grupo podem escrever em um papel o que querem tratar. Depois todos podem segurar a lista na mão e o grupo pedir a manifestação do que está escrito nas listas.

O poder do tratamento

Pontos Importantes do Tratamento

Mantenha a simplicidade do seu tratamento.

Mantenha seu tratamento em segredo.

Relaxe. (Não force as coisas.)

Tenha fé inabalável. (Não duvide.)

Nunca dê instruções ao Grande Poder Universal de como você quer que as coisas se realizem.

Não tente imaginar como as coisas que você tratou acontecerão. (Deixe os detalhes para o universo.)

Faça o tratamento para obter resultados, não trate a maneira como as coisas podem acontecer nesse intervalo.

Esqueça tudo sobre o tratamento ao terminá-lo. (Libere-o e solte-o.)

Não comente os problemas depois de tratá-los.

Continue fazendo suas atividades diárias como se as coisas que você pediu no tratamento já tivessem acontecido.

Novamente, deve haver um líder no grupo para guiar o tratamento e falar as palavras certas. Conforme as orientações para grupos pequenos, o líder deve começar falando sobre a natureza da realidade para ajudar a clarear os pensamentos de todos sobre a vida UNA que está animando e sustentando todos nós. Em seguida, o líder pode fazer um tratamento geral para qualidades específicas como amor, inteligência, saúde radiante, paz e harmonia contidas na lista de cada pessoa.

Novamente o líder deve encerrar o tratamento pedindo pelo mundo todo e dando graças pela atividade Divina do tratamento que não pode falhar.

Agora, dê graças e regozije-se!

Você conseguirá manifestar seus pedidos — os resultados se manifestarão no mundo exterior — quando souber, perceber ou "sentir" profundamente a verdade sobre a situação que está tratando.

Isso significa que quando você reconhecer e compreender a natureza da realidade, quando vir o Divino onde antes via uma dificuldade, seu problema ou dificuldade desaparecerá!

Portanto, regozije-se...você acabou de descobrir o verdadeiro significado dos milagres!

Capítulo 15

O poder do bem

Você acredita numa mistura de bem e mal?

Acredita que o bem e o mal travam uma luta constante e que leva tempo para o bem se manifestar e vencer o mal?

Acredita que precisa se esforçar para manifestar o bem em sua vida? Talvez até mesmo fazer um esforço extraordinário?

Vamos lá, admita. Provavelmente acredita.

Esse é um erro típico de quem trilha pela primeira vez o Caminho do Poder, com base numa interpretação errônea da natureza da realidade. Lembro que eu também pensava assim — que teria de fazer um grande esforço para usar essas técnicas e manifestar um novo bem em minha vida. Que eu teria realmente de me esforçar com afinco.

Essa concepção — de que é preciso um grande esforço pessoal para manifestar o bem na própria vida — se origina da crença em bem e mal. Mas se existir apenas o bem, não será preciso nenhum esforço para manifestá-lo. Porque isso significa que o bem é preexistente, que é tudo o que há.

Acontece que é esse o caso, o que é uma boa notícia para todos nós. Deixe-me explicar por que isso é verdade.

A natureza da realidade

A natureza da realidade é que por trás do mundo de multiplicidade que aparentemente vivenciamos com os sentidos físicos, existe uma causa primeira — a Força UNA. Os iluminados ao longo dos séculos chamaram essa Força UNA de diversos nomes, como Deus, o Criador, nosso Pai, Brama, a Força, entre outros. Não importa o nome que escolhemos, essa Força UNA ou Poder é a causa que está por trás de toda a criação.

Para simplificar, vamos chamar essa causa primeira de "Força UNA".

Para entender e usar com eficácia todas as técnicas descritas neste livro, é muito importante compreender a natureza dessa Força UNA. Portanto, vamos analisar qual o verdadeiro significado de Força UNA.

Para começar, como essa Força UNA ou PODER criou tudo o que existe, podemos deduzir também que ela deve ser tudo o que existe. Em outras palavras, toda a existência, a própria vida se resume na Força UNA. Não existe nada além da Força UNA.

Não podemos retroceder antes dela.

Isso significa, então, que como essa Força UNA é a única vida que existe, Ela deve ser onipresente. Portanto, podemos dizer que essa Força UNA é a Força animadora por trás de toda a criação. Em outras palavras, essa Força UNA é a Causa Primeira. Essa Força UNA — que muitos

O poder do bem

chamam de Deus ou apenas Força — é a Causa, a Origem e a Originadora de toda a criação.

Força UNA

Como a Força UNA é a Causa Primeira e Origem de tudo o que existe, isso significa que não há força contrária, e que jamais poderia haver uma força contrária, porque só existe a Força UNA. É muito importante entender esse ponto, porque todas as outras percepções se baseiam na compreensão desse conceito. Por esse motivo, repito: Não há nada além da Força UNA. E como só existe UMA Causa Primeira e UMA Originadora, apenas UMA vida e UMA força animadora, isso significa que não existe força contrária. Se existisse força contrária, teria de haver "duas" forças.

A idéia ou crença em "duas forças" constitui a base de qualquer crença em bem e mal. Por favor, reflita sobre isso.

O campo

A idéia de Força UNA também é confirmada pela física quântica e a teoria do campo unificado. Segundo as últimas pesquisas científicas, toda a criação é um vasto campo de energia. Os físicos dizem que os átomos que compõem o ser humano, assim como tudo o que existe no mundo, são todos idênticos e intercambiáveis. Além disso, esses átomos idênticos e intercambiáveis são compostos pelas mesmas partículas subatômicas idênticas e intercambiáveis que podem ser degradadas em ondas de energia. Essas ondas de energia formam o campo interligado de energia unificada que dá origem a toda a criação.

Vários dos grandes mestres espirituais, metafísicos e esotéricos há muito ensinaram que por trás de toda a criação existe um campo etéreo no qual todos nós vivemos e nos deslocamos. Os cientistas podem estar prestes a identificar esse campo.

A natureza do Campo UNO

Vamos continuar a nossa exploração da natureza da força UNA e examinar algumas das características dessa Força que é tudo o que existe.

Se há apenas uma Força UNA, então ela deve ser:

Onipotente/todo-poderosa: Isso porque, se existe apenas uma Força UNA e essa Força UNA é Tudo o que Há, não existe força contrária, como já mencionei. Isso significa que como nada se contrapõe ou resiste a essa Força UNA, ela deve ser todo-poderosa. Em outras palavras, a Força UNA não representa algum poder, mas, sim, Todo o Poder que Existe. Em outras palavras, a Força UNA é onipotente.

Onipresente/sempre-presente: como a Força UNA é tudo o que existe, Ela deve estar presente em toda a criação. Em outras palavras, Ela deve estar presente em toda parte — onipresente. Assim, a mesma Força UNA anima toda a criação, incluindo você, eu, todos e tudo.

Onisciente/que sabe tudo: Como a Força UNA é tudo o que há, Ela deve ser também a Mente ou Inteligência Infinita, uma vez que concebeu, criou e contém toda a criação.

114

Em outras palavras, a Força UNA é onisciente. Ela sabe tudo o que há para saber, pois foi ELA quem criou Tudo o que Há.

Paz e harmonia: Como só há uma Força UNA, não existe conflito, pois não existe força contrária. Assim, a Força UNA deve ser a única ação ou atividade que representa paz e harmonia.

Amor: Amor é sinônimo de paz e harmonia. É a palavra que uso para descrever segurança, conforto e proteção absolutos quando tudo está em equilíbrio e harmonia. O que pode ser mais seguro do que ser Tudo o que Existe?

Abundância: Como toda a criação está contida dentro da Força UNA, a Força UNA deve ser abundância infinita. Porque Ela é Tudo o que Existe.

Indestrutível: Como nada se contrapõe à Força UNA, Ela deve ser indestrutível. Não existe outra força que possa danificar nem destruir esse campo.

Imortal/eterna: Como a Força UNA é indestrutível, Ela também deve ser imortal ou eterna. Em outras palavras, a Força UNA deve ser a Vida eterna, que nunca morre. Ou poderíamos dizer que a Força UNA é inascível e inextinguível.

Princípio: Um princípio ou uma lei é algo que nunca muda. Portanto, podemos concluir que, como a Força UNA é eterna e imortal, Ela deve ser princípio ou lei, pois é imutável. (Ver meu livro *Mental Technology* para uma explicação detalhada do conceito de princípio.)

Bem perfeito: De tudo isso, podemos deduzir que, como a Força UNA é tudo o que existe, Ela deve ser o Princípio de Bem Perfeito e imutável.

Por que o bem?

Vamos definir bem. O que é bem? Qual a sua definição de bem? Qual a sua concepção de Bem Maior?

Sua definição de Bem Maior é a mesma da maioria das pessoas. O Bem Maior que podemos imaginar é vida ilimitada, amor ilimitado, paz e harmonia ilimitadas, abundância ilimitada. E, como você acabou de ver, todas essas definições de Bem Maior são uma característica da Força UNA — a Força UNA em que todos nós vivemos e nos movimentamos.

Essa é a nossa linha de raciocínio. E assim que sabemos que a Força UNA é o Princípio de Bem Perfeito e imutável.

Tudo é bem

Isso significa que, como a Força UNA que é tudo o que existe é o bem, Tudo é bem.

Que alívio!

Agora você sabe que não tem de criar o bem!

O bem já existe!

Portanto, não depende de você. Você não precisa tentar criar o bem.

O bem já estava aqui no início de tudo. O bem está aqui agora. O bem é Tudo o que Existe.

Portanto, o peso não está sobre seus ombros.

O bem é a natureza da realidade. A natureza da realidade é boa, pois a Força UNA que cria, anima e sustenta a todos nós e a Tudo o que Existe é boa. Na verdade, não há nada mais.

Isso faz com que seja fácil mudar a sua vida — trazendo para ela um novo bem. Tudo o que você tem de fazer é concentrar a sua atenção no bem — na natureza da realidade — e deixar que ele surja.

A maioria de nós tem a tendência de pensar que criar o bem é nossa responsabilidade. Algo que precisamos empregar um grande esforço para conseguir. Mas isso não é verdade, como agora você pode ver. O bem já está aqui. Você não precisa criá-lo, mas precisa parar de limitar a manifestação do bem em sua vida ao se concentrar na limitação. Essa é a sua única tarefa!

É por isso que é fácil mudar a sua vida — trazendo a ela um novo bem. Poderíamos dizer que tudo o que você tem a fazer é se render ao bem!

O que é real?

Aqui está outra maneira de chegar à mesma conclusão sobre a natureza da realidade.

Dessa vez, vamos usar outra linha de raciocínio e voltar ao começo com uma pergunta: O que é real?

Se definirmos "real" como aquilo que nunca muda, podemos começar perguntando a nós mesmos: o que nunca muda? Se você seguir essa linha de raciocínio, descobrirá rapidamente que tudo no mundo físico muda. A temperatura muda, as pessoas mudam, a situação muda — tudo no mundo físico está num estado de mudança contínua. Quando pensamos sobre nós mesmos, descobrimos que também estamos num estado de mudança contínua. Nosso corpo muda, nossas emoções mudam, nossos pensamentos mudam, nossas idéias e opiniões mudam, nossos atos mudam; em outras palavras, tudo o que vivenciamos também muda.

Se continuar se questionando, você descobrirá que a única coisa que não muda é a sua consciência de *estar aqui.* Você tem consciência — você é a própria consciência — de que está tendo pensamentos alegres ou tristes. Você tem consciência de que está tendo um dia bom ou ruim. Você tem plena consciência de que é rico ou pobre, velho ou novo, homem ou mulher. Se você se concentrar nessa percepção, descobrirá que está ciente do fato de estar aqui agora, não importa o que esteja sentindo. Não faz diferença para essa noção de consciência se você está se sentindo perfeitamente saudável ou miseravelmente doente. Você ainda está consciente. Essa consciência — essa consciência, esse testemunho — essa sensação de ser *você* — de existência — não desaparece nem muda, independentemente da natureza dinâmica de seus pensamentos, emoções ou ações. Essa sua existência não mudará. É a única coisa que permanece sempre constante. Podemos deduzir, então, que *essa sensação de existência é real.* Em outras palavras, essa sensação de existência que todos temos é a única coisa da qual podemos ter certeza. A única coisa da qual temos 100% de certeza.

Se você não consegue perceber isso, apenas se pergunte de que você tem certeza. O que você sabe — com certeza absoluta — que nunca muda? Se fizer isso, descobrirá que a única coisa que sabe com 100% de certeza é que *você existe*. Poderíamos dizer que a sua existência e o fato de você *ser você* é a prova da sua própria existência! Nada mais prova que você é real.

A presença EU SOU

Outra palavra ou expressão que podemos usar para essa sensação de existência que todos temos é a frase: A presença EU SOU. A presença EU SOU é uma forma de expressar o nosso ser — esse ser ilimitado — por meio de palavras. Isso porque só o fato de dizer EU SOU expressa essa sensação de existência sem limitação ou, você poderia dizer, sem definição. Assim que você acrescenta uma palavra a EU SOU, assim que você diz EU SOU feliz ou EU SOU triste — está qualificando a sensação de existência (e limitando-a) com uma definição de um estado que, mais cedo ou mais tarde, mudará. Mas a frase "EU SOU" expressa existência ilimitada.

O que é a presença EU SOU?

Então o que é a presença EU SOU? Como acabamos de determinar, essa presença EU SOU é a sua sensação de existência não-qualificada. A sua sensação de consciência pura — percepção não-qualificada pura. É impossível retroagir na nossa exploração da natureza da realidade. Não se pode ir além da sensação de existência. Assim, os grandes pensadores do mundo deduziram que essa consciência, essa percepção que você tem agora, deve ser idêntica à Força UNA discutida no início do capítulo. Se não fosse verdade, como poderíamos existir? Essa consciência é o que somos. E como somos parte da Força UNA, a Força UNA deve ser essa consciência.

Somos o bem!

Assim, se prosseguirmos nessa linha de raciocínio, chegaremos à conclusão lógica de que, como somos idênticos e com consciência, que é a Força UNA, e a Força UNA é Tudo o que Existe, então devemos ter as mesmas características da Força UNA. Assim, podemos concluir que, como Força UNA, devemos ser BONS!

Mas o que isso tudo significa em termos práticos? Como essa compreensão melhorará a sua vida?

Resumindo, essa compreensão pode mudar radicalmente a sua vida, pois, como você é quem faz as escolhas em sua vida (ver Capítulo 4, O poder da escolha), você tem livre-arbítrio para dirigir o foco da sua atenção. Isso quer dizer que pode continuar a ter pensamentos limitados sobre si mesmo e sobre a vida e experimentar a manifestação desses pensamentos em sua vida ou alinhar seus pensamentos com a natureza da realidade. Quando decide alinhar seus pensamentos com a natureza da realidade, você está se alinhando com a *Força UNA todo-poderosa*, que sabemos agora ser inteligência ilimitada, vida ilimitada, amor ilimitado, paz ilimitada, harmonia ilimitada, abundância ilimitada — em suma, o bem ilimitado.

Esse enfoque mudará toda a sua vida.

Capítulo 16

O poder da visão

Qual é a próxima etapa?
Para onde estamos indo?

Estamos testemunhando, e participando, de grandes eventos, eventos extraordinários. Está ocorrendo nada menos que uma transformação planetária, neste exato momento. Está ocorrendo nada menos que uma revolução na consciência.

Esta é uma época de grande despertar!
Aleluia!

A humanidade passou — mais ou menos — de uma consciência tribal intuitiva e voltada para grupos, que viveram em harmonia com a natureza (como todas as pessoas que vivem em tribos, como os índios americanos, os povos aborígines e os esquimós) durante inúmeras gerações, para uma consciência individualizada baseada no ego, que se disseminou agressivamente a partir da Europa e conquistou os povos tribais de todo o mundo ao desencadear os enormes poderes da ciência e da tecnologia. Essa consciência baseada no ego, com seu foco no individual e no mundo material, dominou o planeta por meio do desenvolvimento de capacidades intelectuais e analíticas.

Agora, essa orientação analítica baseada no ego — essa visão de mundo secular chamada materialismo científico — tendo servido ao seu propósito ao desencadear os vastos poderes da ciência e tecnologia, perdeu as estribeiras. Cobiça, egoísmo, guerra, poluição, violência, lucro em detrimento do bem-estar do planeta... você conhece a história. Todos nós conhecemos a história. E temos consciência de que não podemos mais continuar nessa direção sem causar autodestruição num futuro muito próximo.

Some à situação mundial que criamos o fato de que as descobertas científicas atuais demonstram claramente que o "materialismo" sobre o qual essa visão de mundo secular se baseia estava incorreta. Os místicos estavam certos. *Somos* todos corpos de luz. *Somos* todos padrões interconectados de energia. O universo *é* um sistema maciço de energia em que o observador participa. Em suma, não existe o chamado mundo "objetivo", que pode ser medido independentemente do observador. Em vez disso, a ciência nos diz que a nossa realidade *é*, de fato, conseqüência das nossas intenções. (Aleluia, novamente!)

Portanto, obviamente está na hora de mudar essa orientação. Está na hora de ocorrer uma mudança planetária, uma grande transformação na consciência coletiva. Isso poderia explicar por que existem tantas almas reunidas no planeta neste exato momento. É como se todos nós tivéssemos decidido nos reunir para uma festa!

Sem dúvida alguma, a mente analítica fez o seu trabalho: abrimos novas portas, liberamos enormes poderes. Mas, agora, precisamos nos reorientar e usar mais do que a nossa mente analítica — precisamos voltar a ouvir o nosso coração. Precisamos sintonizar essa voz interior e entrar em contato com o nosso verdadeiro eu, para que tenhamos a *visão* necessária para assumir o controle da nossa criação.

Sim, chegou a hora. Chegou a hora.

Chegou a hora de crescer e passar para a próxima etapa da nossa evolução e fazer *escolhas conscientes*, não apenas na nossa vida, mas também na vida planetária da nossa espécie. Sim, porque somos os guardiões do fogo sagrado agora. Somos adultos. Somos todos co-criadores com a Força.

Mas, para passar para a próxima etapa, para assumir o nosso lugar de direito no universo como co-criadores, precisamos ter a *visão*.

Muitas pessoas estão usando as técnicas descritas nos meus livros e em outros livros para reorientar a sua consciência e sua vida. E isso, é claro, é bom, pois a reorientação individual é básica para a sobrevivência do planeta. Portanto, obviamente, essa é a primeira etapa, uma etapa crucial.

Antes de tudo, é preciso colocar a própria casa em ordem.

Primeiro você precisa fazer escolhas conscientes em sua vida. Porque até que faça isso, até que se sintonize com um nível de energia mais elevado, você não poderá fazer nada. Todos os seus sonhos, desejos e boas intenções para o planeta Terra de nada adiantarão se a sua própria casa estiver desabando. ("Assim, pois, pelos seus frutos os conhecereis." Mateus 7:20)

Mas, quando a sua casa estiver em ordem, quando você não puder mais conter a alegria que inunda a sua alma, quando essa alegria explodir em sua vida, você descobrirá que está definitivamente pronto para a próxima etapa. Porque a alegria é expansiva e não pode ser contida! Ah, sim, você sabe como é... A alegria é arrebatadora, irresistível e contagiosa! Alegria é alegria, algo que você automaticamente deseja compartilhar com todos aqueles que encontra. Algo que quer infectar seus vizinhos. Algo que não consegue conter ou resistir...algo maravilhoso...

> O verdadeiro amor, o amor divino, o amor universal é, segundo Frederick Bailes *(Basic Principles of the Science of Mind)*, "o desejo intenso pelo bem-estar dos outros"!

> Que definição maravilhosa!

E agora?

Então o que devemos fazer agora? Como devemos viver como co-criadores com a Força, como aqueles que fazem escolhas conscientes em sua própria vida e na vida do planeta?

Em primeiro lugar, temos de nos lembrar da natureza do universo: *O pensamento sempre vem primeiro. O pensa-*

mento é a causa primeira. O pensamento é a causa primeira — na sua vida, na vida do planeta, na vida do universo. E, como o pensamento é a *causa primeira*, devemos, primeiro de tudo, ter o pensamento. O pensamento certo. O pensamento claro e focado. Isso quer dizer que é muito importante exercitar o ato de pensar claramente e visualizar o bem. Devemos ver com os olhos da mente uma visão clara do novo mundo antes que ele possa se manifestar e se transformar em realidade.

Em outras palavras, devemos, primeiro, conceber e acreditar no novo mundo. Só então, quando a visão estiver clara e forte e conhecermos e acreditarmos neste novo mundo é que ele se manifestará. Portanto, é muito importante realizarmos o trabalho interior neste exato momento para a transformação planetária e para manter uma visão clara no nosso cotidiano de para onde estamos indo.

Como devemos viver?

Então como é que homens e mulheres iluminados vivem realmente?

Pergunte a si mesmo.

Reflita sobre essa pergunta.

Encontre respostas concretas.

Encontre soluções que, do fundo do coração, você sabe que vão funcionar.

Eis o que visualizo:

Em primeiro lugar, a vida no planeta Terra, a humanidade como a conhecemos, está em evolução. Isso que dizer que somos *capazes* de evoluir, nos transformar em pessoas melhores, mais elevadas e mais amorosas.

Significa também que homens e mulheres iluminados estão praticando a Regra de Ouro de Jesus diariamente, a cada minuto, a cada hora do dia. Devemos "'fazer aos outros' aquilo que gostaríamos que fizessem conosco"... Não existe outra maneira, nenhuma outra solução viável para nós mesmos nem para o planeta.

E esse "fazer aos outros" inclui também o pensamento certo, uma vez que o pensamento é a semente da realidade. Na próxima etapa da nossa evolução, nossos pensamentos serão visíveis. (Para aqueles que são sensíveis, eles já estão.) Assim, fazer aos outros inclui visualizar e buscar para os outros o mesmo bem que visualizamos e buscamos para nós mesmos. Sim, o bem de um é o bem de todos.

Isso quer dizer também ver o divino em todas as pessoas, inclusive nas que não gostamos e nos nossos chamados inimigos. Podemos condenar o comportamento de outras pessoas. Em outras palavras, talvez não gostemos de um homem ou uma mulher que denuncia o próprio comportamento, mas devemos reconhecer e saudar, sempre, a divindade dentro de cada pessoa que cruza o nosso caminho. Devemos desejar o bem de todas elas e visualizar o Bem Maior também para elas ou, reiterando, segundo as palavras de Frederick Bailes, cultivar constantemente "o desejo intenso pelo bem-estar dos outros".

Com isso em mente, faremos sempre boas escolhas, para nós mesmos e para o planeta.

Recicle o seu lixo

Quando nos conhecermos e nos virmos como aqueles que fazem as escolhas em nossa vida e na vida do planeta, obviamente pensaremos nas conseqüências dos nossos atos. Todos os nossos atos. Em termos práticos, isso significa que reciclaremos o nosso lixo, economizaremos água, comeremos alimentos orgânicos, compraremos casas ecológicas, conservaremos as florestas, colocaremos *toner* que não agridem o meio ambiente na impressora, andaremos de bicicleta, limparemos os oceanos, dirigiremos carros que não poluem o ar, apoiaremos projetos de crescimento sustentado, vestiremos roupas feitas de algodão orgânico, compraremos cosméticos naturais, abandonaremos o vício de fumar, valorizaremos a qualidade e o artesanato, boicotaremos produtos que fazem mal à nossa saúde e à saúde do planeta, cultivaremos a paz, comeremos menos, plantaremos e abraçaremos árvores, curaremos o nosso corpo, exercitaremos o silêncio, circularemos dinheiro, recursos e energia, praticaremos o dízimo, ouviremos a sabedoria do nosso coração e usaremos nosso talento para desempenhar um bom trabalho para organizações corretas, decentes, honestas e éticas. Em outras palavras, daremos amor e amor e ainda mais amor...

Nem é preciso dizer, não? Que quem faz escolhas conscientes tem consciência do que afeta ou não o todo, a unidade de todos nós, cada etapa do caminho e cada momento de cada dia.

Ouça Barbara Marx Hubbard

Ninguém foi mais feliz na escolha das palavras que Barbara Marx Hubbard em seu livro *Happy Birth Day, Planet Earth*. Esse é seu apelo a todos nós:

> Pense com cuidado. Pense com clareza. Pense com aspiração. Concentre sua visão naquilo que você quer ser. Peça aos seus apelos interiores para falar com você. Deixe a bússola da alegria guiar seus pensamentos até que eles se concentrem na atração magnética para um ato recreativo no mundo.
>
> O que você nasceu para fazer? Imagine-se realizando o desejo do seu coração. Visualize-se fazendo tudo o que sempre sonhou fazer, sendo tudo o que sempre sonhou ser.
>
> Coloque essa visão no contexto da evolução da humanidade *para* toda a humanidade. Veja-se participando dessa evolução, juntando-se aos outros e respondendo a um chamado interior único.

Faça essa mudança neste exato momento

Chegou a hora de praticar o pensamento certo. Chegou a hora de focar o poder dos seus pensamentos nas coisas mais elevadas e melhores que conseguir imaginar. Chegou a hora de trocar os velhos, ultrapassados e gastos modelos de existência baseados em competição do ego por atos que estejam em harmonia com a natureza e que promovam amor, saúde, paz e harmonia entre todas as criaturas e seres do planeta — para o Bem Maior de todos os envolvidos.

E certifique-se de que seus pensamentos sejam sempre positivos, construtivos, benéficos e específicos em todos os aspectos. Para si mesmo e para todos os demais. Use a sua capacidade de fazer escolhas conscientes e sábias. Visualize e manifeste paz profunda, sabedoria e compreensão, saúde perfeita, vitalidade inesgotável, alegria inabalável, saúde, prosperidade e abundância afluente para si mesmo e para todos os outros seres do planeta.

Sinta a alegria

Tenha pensamentos positivos sobre a mudança de consciência planetária que está se realizando neste exato momento. Veja essa mudança ocorrendo. Sinta-a ocorrendo. Sinta a *alegria* dessa mudança. Saiba no fundo do coração que, juntos, nós que fazemos as escolhas, estamos transformando o planeta Terra, a nossa casa, num paraíso celestial que vemos com os olhos da mente. Veja, sinta e acredite...e essa transformação se manifestará.

Sim, porque somos a *Causa Primeira*.

E porque, sim, certamente estamos todos juntos agora. Espíritos Divinos cantando e dançando no Caminho do Poder!

Que assim seja.

Aleluia!

Apêndice

Apêndice

O poder dos nossos professores

Nós fomos abençoados com tantos professores maravilhosos. Aqui estão alguns dos meus professores favoritos e seus livros.

Frederick Bailes: *Basic Principles of the Science of Mind* e *Your Mind Can Heal You.*

Deepak Chopra: *Ageless Body, Timeless Mind; Creating Affluence; The Seven Spiritual Laws of Success;* e todos os seus outros livros e fitas cassete.

Emmanuel (compilado por Pat Rodegast e Judith Stanton): *Emmanuel's Book: A Manual for Living Comfortably in the Cosmos; Emmanuel's Book II: The Choice for Love; Emmanuel's Book III: What Is an Angel Doing Here?*

The Findhorn Community: *The Findhorn Garden: Pioneering a New Vision of Man and Nature in Cooperation; The Kingdom Within: A Guide to the Spiritual Work of the Findhorn Community;* todos os livros da Eileen Caddy e alguns livros e fitas cassete da Findhorn.

Emmet Fox: *Alter Your Life; Find and Use Your Inner Power; Make Your Life Worthwhile; Power through Constructive Thinking;* e todos os seus outros livros.

Louise L. Hay: *Heal Your Body A—Z; Life! Reflections on Your Journey; The Power Is Within You; You Can Heal Your Life;* e todos os seus outros livros e fitas cassete.

Napoleon Hill: *The Master-Key to Riches; Think and Grow Rich;* e todos os seus outros livros.

Ernest Holmes: *The Anatomy of Healing Prayer; Creative Mind and Success; Ideas of Power; Living the Science of Mind; The Science of Mind;* e todos os seus outros livros.

Emma Curtis Hopkins: *High Mysticism; Scientific Christian Mental Practice.*

Barbara Marx Hubbard: *Happy Birth Day; Planet Earth; the Hunger of Eve.*

Shirley MacLaine: *Out on a Limb* (livro e filme) e todos os seus outros livros.

David Malin: *A View of the Universe.*

Catherine Ponder: *The Dynamic Laws of Healing; The Dynamic Laws of Prosperity; The Healing Secret of the Ages; The Prosperity Secret of the Ages;* e todos os seus outros livros.

Tim Ray: *Starbrow: A Spiritual Adventure; Starwarrior; A Spiritual Thriller.*

James Redfied: *The Celestine Prophecy: An Adventure* (com Carol Adrienne) e *The Celestine Prophecy: An Experiential Guide.*

Florence Scovel Shinn: *The Game of Life and How to Play It; The Power of the Spoken Word; The Secret Door to Success; Your Word Is Your Wand.*

José Silva: (com Philip Miele) *The Silva Mind Control Method;* (com Robert B. Sloan) *You the Healer;* e todos os seus outros livros.

Jon P. Speller: *Seed Money in Action: Working the Law of Tenfold Return.*

J. R. R. Tolkien: *The Hobbit; The Lord of the Rings;* e todos os seus outros livros, poesias e canções.

Eckhart Tolle: *The Power of Now* e todos os seus outros livros e fitas cassete.

Neale Donald Walsch: *Conversations with God* (Vols. 1-3).

Stuart Wilde: *The Force; Miracles; The Trick to Money Is Having Some!;* e todos os seus outros livros e fitas cassete.

Marianne Williamson: Introdução ao vídeo *A Course in Miracles; Illuminata: Thoughts, Prayers, Rites of Passage; A Return to Love;* e todos os outros livros e fitas cassete.

Bibliografia

Bailes, Frederick. *Basic Principles of the Science of Mind*. Marina Del Rey, Calif.: DeVorss, 1980.

Barker, Raymond Charles. *Money Is God in Action*. Marina Del Rey, Calif.: DeVord, 1983.

Chopra, Deepak. *Quantum Healing: Exploring the Frontiers of Mind/Body Medicine*. Nova York: Bantam Books, 1989.

———. *Creating Health: How to Wake Up the Body's Intelligence*. Boston: Houghton Mifflin, 1991.

———. *Ageless Body, Timeless Mind: The Quantum Alternative to Growing Old*. Nova York: Harmony, 1993.

———. *Creating Affluence: Wealth Consciousness in the Field of All Possibilities*. San Rafael, Calif.: New World Library, 1993.

———. *The Seven Spiritual Laws of Success: A Practical Guide to the Fulfillment of Your Dreams*. San Rafael, Calif.: Amber-Allen/New World Library, 1994.

Cousins, Norman. *Anatomy of an Illness as Perceived by the Patient*. Nova York: Bantam Doubleday Dell, 1991.

Fox, Emmet: *Power through Constructive Thinking*. Nova York: Harper and Row, 1989.

———. *Alter Your Life*. San Francisco: HarperSanFrancisco, 1994.

Hay, Louise L. *Life! Reflections on Your Journey*. Carson, Calif.: Hay House, 1995.

Hill, Napoleon: *Think and Grow Rich*. Nova York: Fawcett Crest, 1960.

Hubbard, Barbara Marx. *Happy Birth Day, Planet Earth*. Santa Fe, N.M.: Ocean Tree Books, 1986.

Inglis, Brian e Ruth West. *The Alternative Health Guide*. Nova York: Knopf, 1983.

Ponder, Catherine. *The Dynamic Laws of Prosperity*. Englewood Cliffs, N.J.: Prentice-Hall, 1962.

———. *The Dynamic Laws of Healing*. West Nyack, N.Y.: Parker Pub. Co., 1966.

———. *Open Your Mind to Prosperity*. Unity Village, Mo.: Unity Books, 1971. [*Abra a Mente para a Prosperidade*, publicado pela Editora Pensamento, São Paulo, 2003.]

Robbins, Anthony. *Awaken the Giant Within: How to Take Immediate Control of Your Mental, Emotional, Physical and Financial Destiny!* Nova York: Fireside/Simon and Schuster, 1992.

Rodegast, Pat e Judith Stanton. *Emmanuel's Book*. Nova York: Bantam, 1989.

Shinn, Florence Scovel. *Your Word Is Your Wand*. Nova York: Florence S. Shinn, 1939.

———. *The Game of Life and How to Play It*. Nova York: Simon and Schuster, 1986 (publicado originalmente em 1925).

———. *The Wisdom of Florence Scovel Shinn*. Nova York: Simon and Schuster, 1989.

Silva, José. *You the Healer: The World-Famous Silva Method on How to Heal Yourself and Others*. Tiburon, Calif.: H. J. Kramer, 1989.

Speller, Jon P. *Seed Money in Action: Working the Law of Tenfold Return*. Nova York: R. Speller, 1965.

Wilde, Stuart. *Affirmations*. Taos, N.M.: White Dove International, 1987.

Williamson, Marianne. *Illuminata*. Nova York: Random House, 1994.